都市圈解构与
中国都市圈发展趋势

华夏幸福产业研究院 ◎ 著

清华大学出版社

北京

内 容 简 介

本书基于国内外都市圈的发展历程和学术研究,对"都市圈"概念进行界定,探讨其基本特征与范围划定,并在此基础上对识别出的国内 31 个主要都市圈进行分类分析。通过对地理学、经济学两个学科群及其交叉学科相关理论的梳理,构建都市圈研究的理论基础,为都市圈发展提供系统指导、规律揭示和路径参考。结合国内都市圈发展现状和国际都市圈演化过程,从空间、人口、产业、房地产、公共资源配置五个重要维度,梳理总结都市圈演化规律。同时基于都市圈一体化发展中的主要问题,提出完善配套政策体系、培育发展现代化都市圈的政策思考,并对都市圈未来发展趋势进行展望。

本书封面贴有清华大学出版社防伪标签,无标签者不得销售。

版权所有,侵权必究。侵权举报电话:010-62782989 13701121933

图书在版编目(CIP)数据

都市圈解构与中国都市圈发展趋势/华夏幸福产业研究院著. —北京:清华大学出版社, 2019.11

ISBN 978-7-302-54008-3

Ⅰ.①都… Ⅱ.①华… Ⅲ.①城市群－发展－研究－中国 Ⅳ.①F299.21

中国版本图书馆 CIP 数据核字(2019)第 230297 号

责任编辑:周 菁
封面设计:史宪罡
责任校对:王凤芝
责任印制:李红英

出版发行:清华大学出版社
　　　　　网　　　址:http://www.tup.com.cn,http://www.wqbook.com
　　　　　地　　　址:北京清华大学学研大厦 A 座　　　邮　　编:100084
　　　　　社 总 机:010-62770175　　　　　　　　邮　　购:010-62786544
　　　　　投稿与读者服务:010-62776969,c-service@tup.tsinghua.edu.cn
　　　　　质量反馈:010-62772015,zhiliang@tup.tsinghua.edu.cn
印 装 者:小森印刷(北京)有限公司
经　　销:全国新华书店
开　　本:185mm×260mm　　　印　张:7.75　　　字　　数:123 千字
版　　次:2019 年 12 月第 1 版　　　印　　次:2019 年 12 月第 1 次印刷
定　　价:98.00 元

产品编号:083740-01

《都市圈解构与中国都市圈发展趋势》
编 委 会

主 任 顾 强

编 委 蒋 凯 刘学敏 李 强 张文新 王一凡

执 笔 王一凡 蒲劲秋 陈雪琴 肖海燕 陈红艳

孙晓一 李政寰 高建寰 刘梦圆 顾培培

聂 伟 孙 乐 路 青 朱 婷

目　录
CONTENTS

引言： 得都市圈者得未来

城市是人类最伟大的发明,也是人类文明的集中体现。从部落、村落到城镇,人口聚集的体量越来越大,物理空间的建设也越来越繁华。自古以来,城市的昌盛也一直都为文人骚客所津津乐道。"长安大道连狭斜,青牛白马七香车",让唐代著名诗人卢照邻眼花缭乱的长安城,当时生活着约80万人。

时至今日,全球人口向超大城市集聚的趋势更为引人注目。1950年全球前20大城市的人口规模均值为500万,到2016年,这个数字已经上升到1 647万。全球综合排名前600位的城市容纳了全球1/5的人口,占全球GDP的总值的60%。

我国城市的大型化、中心化趋势也非常突出。昔日第一城长安(西安),如今生活的人口已经达到1 000.37万(2018年常住)。沿海大城市和新兴城市在不断扩张,内地31个主要都市圈①承载了29.38%的总人口,产生46.89%的经济总量。在超大城市不断扩张的背后,也伴随着部分中小城市的收缩,中国600多个城市中,有近1/3城市的人口在逐步流失。

作为分布在全球各地的人口密集区域,大城市已经成为全球创新的发动机。向大城市集中体现了人们对更高收入、更多就业机会和更好生活质量的向往,本质上是市场配置资源和人口自由选择的结果。在城镇化集聚效应不断强化和循环累积的过程中,大型城市对周围地域的影响力不断增强,开始跨越行政边界发展,人口向城市外圈层溢出,跨城通勤现象日益普遍,外围节点城市加速发展。由此,都市圈逐步成型,形成以特大城市和超大城市为核心、以与之有较强通勤联系的中小城市(镇)组成的通勤圈为基本范围、大中小城市协同发展的高度融合的网络状城镇体系。

都市圈的形成和发展是城镇化发展到较高阶段的产物。都市圈的出现不仅

---

① 本书研究范围包括31个都市圈,其核心城市分别为北京、上海、广州、深圳、天津、南京、杭州、长沙、成都、郑州、武汉、重庆、西安、宁波、青岛、沈阳、厦门、济南、福州、南昌、贵阳、合肥、石家庄、大连、昆明、太原、长春、海口、南宁、哈尔滨、乌鲁木齐。

使城市地域空间形态与规模发生重组和变化,而且使资本、技术、劳动力等要素形成新的流动和布局,成为新时期大国间"较量"的舞台。国际上已经形成了以纽约、洛杉矶、东京、巴黎、伦敦等一系列大城市和超大城市为核心的大都市圈。日本东京都市圈以占全国 3.6% 的面积集中了全国 28% 的人口,创造了 33% 的GDP;美国前十大都市区①以占全国 1.96% 的面积集中了 26% 的人口,创造了 38% 左右的 GDP。

我国的特大城市,经历了工业化的快速推进,经济实力和辐射扩散能力不断增强,地域范围日益扩展,在人口增长、就业通勤、空间扩张、产业联系等层面逐步打破行政边界,呈现都市圈化的发展特征。目前,我国 31 个都市圈集聚了全国将近一半的 GDP,都市圈已经成为新技术、新产业、新模式、新投资的主要发源地,是当前我国扩大内需的重要抓手和参与国际竞争的重要平台。

可以说,中国已经进入都市圈时代。

2010 年,上海世博会将主题确定为"城市,让生活更美好",生动诠释了我国现代化城市建设的核心目标。未来,都市圈将成为我国城镇化空间的主体形态,并作为我国经济发展的重要增长极,逐步发挥扩散效应,带动周边城镇发展,是我国向高水平均衡阶段发展的重要力量。

壮阔东方潮,奋进新时代。

40 年前,改革开放的浩荡浪潮,让中国融入广阔世界。一座座现代化都市拔地而起,让世界发现并认识新的中国。

40 年后的今天,中国已形成一批有影响力的都市圈。展望未来,在中国经济版图以及世界经济版图中,都市圈将成为一道道亮丽的风景线。

得都市圈者得未来!

---

① 美国前十大都市区包括纽约、洛杉矶、芝加哥、达拉斯、华盛顿、休斯敦、旧金山、费城、波士顿和亚特兰大。

第一章　中国已进入都市圈经济时代

都市圈的形成和发展是城镇化发展到较高阶段的产物，已成为城镇化空间的主体形态。 在我国城镇化快速发展的进程中，大城市的经济实力和辐射扩散能力不断增强，地域范围日益扩展，在人口增长、就业通勤、空间扩张、产业联系等层面已经打破行政边界，都市圈化特征日益凸显。

一、城市大型化、中心化发展趋势明显

改革开放 40 年来,中国城镇化进程飞快,2018 年年末,我国城镇常住人口已经达到 8.3 亿,较 1978 年年末增加 6.6 亿人,年均增加 1 650 万人;常住人口城镇化率达到 59.58％,比 1978 年年末提高 41.7 个百分点,年均提高 1.04 个百分点。但和世界其他主要经济体相比,我国城镇化率仍处于较低水平。2017 年中国和世界其他主要经济体城镇化率如图 1-1 所示。根据国际经验,在城市化水平达到 70％之前,城市化水平都会保持较快增长,预计我国城镇化率在未来 10 年仍将稳步提升。1960—2016 年全球及中国城镇化率演化如图 1-2 所示。

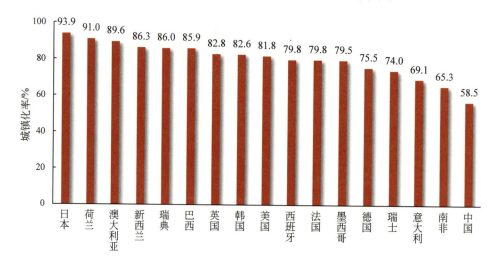

图 1-1 2017 年中国和世界其他主要经济体城镇化率

数据来源:世界银行,华夏幸福产业研究院。

从全球城市发展趋势来看,城市大型化、中心化特征明显。联合国人居署发布的《2016 世界城市状况报告》(*World Cities Report 2016*)指出,目前按人口和 GDP 综合排名前 600 位的主要城市中居住着世界 1/5 的人口;预计到 2050 年,全球超级城市将超过 70 座(2016 年为 36 座),总人口将超过全球人口的 16％(2016 年为 8.4％),届时,世界上城市人口的占比将达到 75％。

我国城市的数量也显著增加,2017 年年末,全国城市达 661 座,比 1978 年年末增加 468 座,增长 2.4 倍。城市人口快速增多,人口集聚效应更加明显。

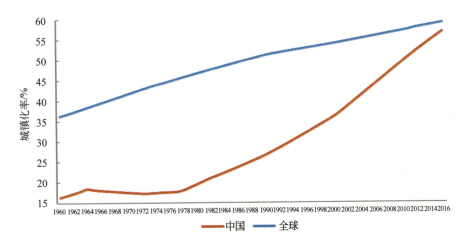

图 1-2　1960—2016 年全球及中国城镇化率演化图

数据来源：世界银行，华夏幸福产业研究院。

1980—2015 年，全球人口增长 250 万以上的城市达 92 座，中国占 1/3。按户籍人口规模划分，2017 年年末，我国城区人口在 400 万以上的城市达到 17 座，而 1978年年末只有上海市一座。400 万以上人口的城市总人口数占我国全部城区人口的比例达到 32.11%，远高于 2011 年的 25.98%。

2000 年、2011 年、2016 年我国各等级城市人口数量变化情况详见表 1-1。

表 1-1　2000 年、2011 年、2016 年我国各等级城市人口数量变化情况

规模分类	2000 年			2011 年			2016 年		
	城市数/座	城区人口/万人	人口占比/%	城市数/座	城区人口/万人	人口占比/%	城市数/座	城区人口/万人	人口占比/%
>400 万	11	9 358.67	25.11	12	10 478.01	25.98	17	15 322.71	32.11
200 万~400 万	22	5 902.93	15.84	24	6 458.14	16.01	22	6 401.90	13.42
100 万~200 万	35	4 924.48	13.21	39	5 233.73	12.98	49	6 933.45	14.53
50 万~100 万	92	6 382.87	17.12	98	6 868.94	17.03	117	8 356.06	17.51
20 万~50 万	230	7 150.9	19.19	267	8 347.7	20.70	256	8 138.74	17.06
<20 万	265	3 552.89	9.53	218	2 942.66	7.30	199	2 560.32	5.37
总计	655	37 272.74	100.00	658	40 329.18	100.00	660	47 713.18	100.00

数据来源：中国城市建设统计年鉴（2017 年），华夏幸福产业研究院。

从区域空间演化理论和国际发展规律来看，随着城市规模的扩大，城市之间依托发达的交通、通信等基础设施网络，会形成空间组织紧凑、经济联系紧密的城市群。近年来,城镇化的加快推进与大城市的快速崛起为我国更好发挥大城市的辐射带动作用提供了机会。

国家"十三五"规划明确指出,要加快城市群建设发展,并确定了长三角、珠三角、京津冀等 19 个国家级城市群。2016 年,我国前十大城市群,以全国 14.7% 的人口数创造了全国 76.6% 的经济产出,以特大城市为核心的城市群将成为我国经济转型升级的重要空间载体。与国际相比,我国城市群在城镇化率、经济发展水平上仍有较大差距。作为中国城市最密集、经济最发达的区域,2016 年长三角城市群人均 GDP 约 9.7 万元;而早在 2006 年,美国东海岸城市群的人均 GDP 已高达 6.2 万美元。我国主要城市群 2000 年和 2016 年人口与 GDP 指标变化情况详见表 1-2。

表 1-2 我国主要城市群 2000 年和 2016 年人口与 GDP 指标变化情况

城 市 群	面积/万平方千米	人口/万人		GDP/亿元	
		2000 年	2016 年	2000 年	2016 年
长三角城市群	22.04	12 179	15 172	18 592	147 196
京津冀城市群	18.27	9 526	10 163	9 680	77 337
珠三角城市群	5.48	5 563	7 539	8 300	73 017
成渝城市群	23.95	9 959	9 899	5 237	48 177
山东半岛城市群	7.39	3 981	4 540	5 575	42 480
辽中南城市群	9.69	3 108	3 343	4 097	23 861
哈长城市群	26.68	4 631	4 739	4 570	25 985
海峡西岸城市群	12.33	8 003	9 142	7 269	47 953
环长株潭城市群	9.63	3 802	4 164	2 617	25 476
中原城市群	5.88	15 429	15 370	7 572	58 535

数据来源:各省市统计年鉴,华夏幸福产业研究院。

2019 年 2 月 21 日,经国务院同意,国家发展改革委发布了《关于培育发展现代化都市圈的指导意见》(发改规划〔2019〕328 号,以下简称《意见》)。《意见》明确提出:都市圈是城市群内部以超大特大城市或辐射带动功能强的大城市为中心、以 1 小时通勤圈为基本范围的城镇化空间形态。未来,在培育壮大城市群的过程中,以大城市、中心城市为核心的都市圈将发挥"引擎"的作用。

二、空间格局已呈现都市圈化新特征

在城市向大型化、中心化发展的同时,都市圈化已成为中国城镇化空间格局的新特征。行政边界的限制逐渐被打破,各要素通过有序流动实现合理布局,人口、空间、产业等多个维度均呈现出都市圈化特征,高度网络化的城镇体系正在形成。

(一)人口增长呈现都市圈化:人口加速向核心圈以外溢出

随着城镇化水平的提高,人口不断向大城市集聚,受制于核心圈有限的发展空间和承载能力,人口由中心向外围溢出,外圈层人口加速增长,与核心圈的人口密度落差逐渐缩小,成为未来城市新增人口的主要承载地,预计未来将吸纳都市圈内超过70%的人口。

以北、上、广、深4个成熟都市圈为例,2001年至今,北京市区人口增速放缓甚至趋于停滞,外围区县人口加速增长,增速提高至4%,外圈层已出现广阳、固安等在北京发展腹地中起到关键支撑作用的节点性城市。长三角地区人口以上海、杭州为核心集聚连片分布,上海都市圈核心圈在2010—2017年间人口增量为64万人(从1 316万人增长至1 380万人),同期外圈层人口增量接近核心圈增量的2倍,高达125万人(从3 152万人增长至3 277万人),昆山、江阴等节点性城市人口均超过150万人。珠三角地区同样呈现出人口加速外溢的特征,人口在广州、深圳间连绵分布,外围的东莞、中山等均为百万人口级城市。

北京、上海、广州和深圳的都市圈人口热力图如图1-3、图1-4和图1-5所示。

(二)就业通勤呈现都市圈化:跨行政区通勤已成规模

随着中心城市与周边邻接城镇社会经济联系的日渐紧密,跨行政区通勤已成规模。核心城市辐射范围内的卫星城成为吸纳人口和产业的重要载体,大量劳动力由于工作地点和居住地点的分离,往返于核心城市和外围圈层之间。

以北京都市圈为例,如图1-6所示,通勤联系已突破行政边界,超过36万人工作在北京、居住在环京,其中,三河、固安、广阳人数最多;近11万人居住在北京、工作在环京,其中,三河、香河、广阳占比最大。可见,行政边界和通勤距离对劳动力的制约正在削弱,都市圈一体化进程使人流、物流、资金流在更大范围内自由流动。

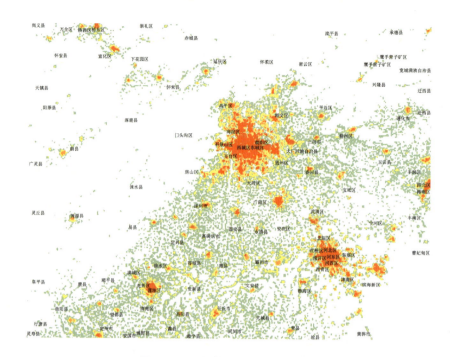

图 1-3　北京都市圈人口热力图

数据来源：各区县统计年鉴，高德，华夏幸福产业研究院。

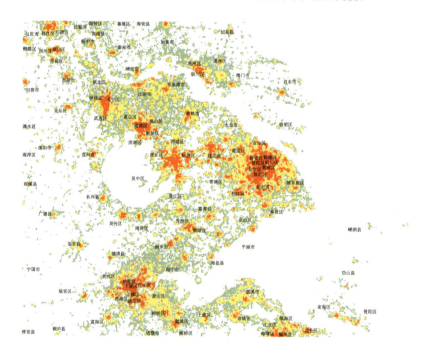

图 1-4　上海都市圈人口热力图

数据来源：各区县统计年鉴，高德，华夏幸福产业研究院。

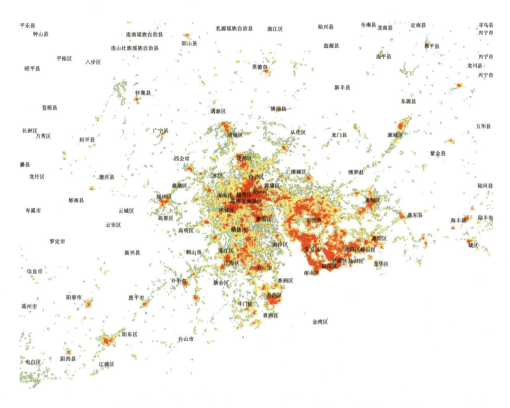

图 1-5 广州都市圈、深圳都市圈人口热力图

数据来源：各区县统计年鉴，高德，华夏幸福产业研究院。

（三）空间扩张呈现都市圈化：外围节点城市开始网状化发展

都市圈在空间维度上呈现明显的圈层特征，除核心城市之外，外围节点城市加速发展，从各城市自我循环的封闭式发展模式逐渐向大中小城市各具活力、结构合理的多级网络化城镇体系转变。

以上海、北京两个成熟都市圈为例，上海都市圈的多级城镇体系初步形成，除1 000万以上人口的核心城市外，人口超过100万、20万～100万、5万～20万的外围节点城市分别有5个、12个、10个。北京都市圈城镇体系建设相对滞后，但与过去相比较，明显呈现良性发展态势，7个外围城市的人口超过20万。可见，区别于以往的单中心模式，特大城市空间规划正在向郊区新城、卫星城组团式多中心发展模式过渡，在分工合作、优势互补的基础上，形成联动发展的都市圈"共生体"。北京、上海都市圈不同人口规模的城市（镇）数量详见表1-3。北京、上海都市圈城镇体系如图1-7所示。

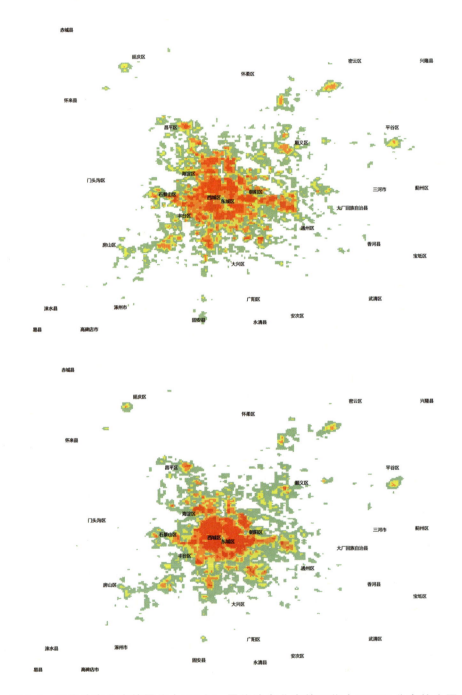

图 1-6　工作地在北京的居住人口（上）、居住地在北京的工作人口（下）分布热力图

数据来源：高德，华夏幸福产业研究院。

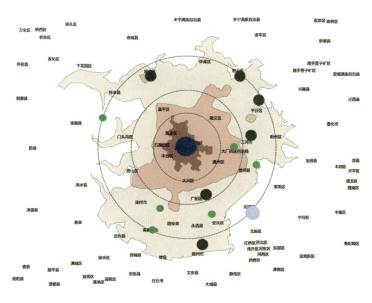

(a) 北京都市圈

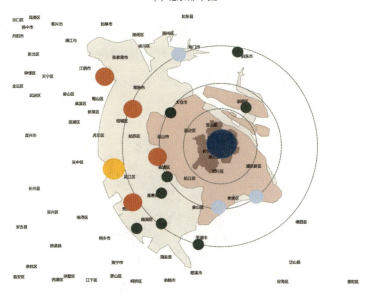

(b) 上海都市圈

图 1-7 北京、上海都市圈城镇体系

数据来源：各区县统计年鉴，华夏幸福产业研究院。

表 1-3　北京、上海都市圈不同人口规模的城市（镇）数量

	总人口/万人	1 000 万以上/个	500 万～1 000 万/个	300 万～500 万/个
北京都市圈	3 607	1	0	0
上海都市圈	4 657	1	0	1
	100 万～300 万/个	50 万～100 万/个	20 万～50 万/个	5 万～20 万/个
北京都市圈	0	1	6	7
上海都市圈	4	3	9	10

数据来源：各区县统计年鉴，高德，华夏幸福产业研究院。

（四）产业联系呈现都市圈化：按价值链分布形成良性合作

城镇体系的演变带来了产业布局的重构，城市间互补性的增强打破了行政分割，都市圈内外联系不断强化，价值链上不同环节的产业得以在更大范围内有序转移、合理分布，更大限度地发挥区域发展规模效益和集聚优势。

以上海都市圈为例，如图 1-8 所示，上海老牌的汽车产业集群不断演变和拓展，逐渐形成覆盖全价值链的产业体系，并在空间上有序分工。下游零部件企业大规模向外围布局，总部、研发中心等关键职能则向核心圈集中，由中心向外围覆盖价值链不同环节：核心圈集聚总部管理和商贸功能；30 千米圈层专注于

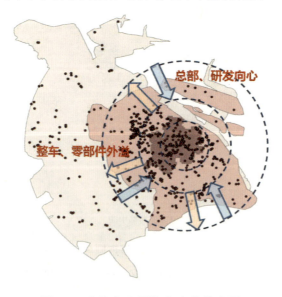

图 1-8　上海都市圈汽车产业分布图

数据来源：高德，华夏幸福产业研究院。

技术研发、学校培训、汽车博览等环节；50 千米圈层在紧密零件、发动机等零部件生产环节更具优势；80 千米圈层主要提供物流、测试场、内饰生产等服务；120 千米主要负责物流运输、发动机及整车生产；各圈层充分发挥各自优势、形成良性合作。

（五）区域联动呈现都市圈化：外围城市已与"1 线＋""2 线＋"城市相当

区域联动性的不断增强打破了外围城市传统的县域发展模式，促使其脱离原行政区划，寻求与核心城市及其周边城市的联合，加速向都市圈经济转型。除自身经济发展水平等因素之外，外围城市更大程度上受到都市圈核心城市的影响，在其辐射带动下跻身"1 线＋""2 线＋"城市行列。

以房价为例，都市圈外围城市的房价与行政区划的关系逐渐削弱，与其所受辐射带动的核心城市密切相关。北京都市圈的大厂、固安、廊坊、沧州，和上海都市圈的嘉善、德清、太仓等外圈层城市房价均已高于部分三四线和省会城市。可见，受益于都市圈一体化，都市圈辐射范围内的中小城市将获得与二线城市甚至一线城市相当的发展机会和资源。

2018 年上半年北京、上海都市圈外圈层城市及部分二三线城市房价对比如图 1-9 和图 1-10 所示。

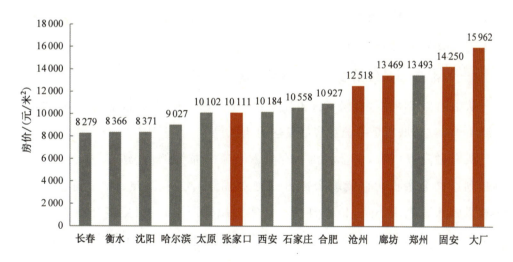

图 1-9　2018 年上半年北京都市圈外圈层城市及部分二三线城市房价对比

数据来源：中国房价行情网，华夏幸福产业研究院。

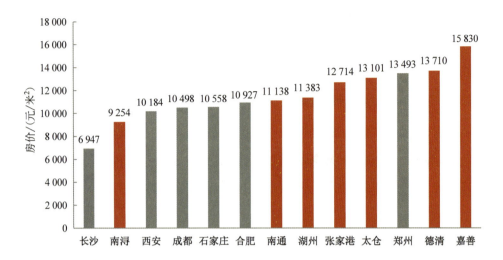

图1-10　2018年上半年上海都市圈外圈层城市及部分二三线城市房价对比

数据来源：中国房价行情网，华夏幸福产业研究院。

三、都市圈在城镇化进程中的引领作用逐步显现

作为各类发展要素集聚的主要空间载体，都市圈已成为我国未来发展的重要引擎和参与全球竞争合作的重要平台。随着加快培育发展现代化都市圈上升为国家重大战略，都市圈在城镇化进程中的引领作用将逐步显现。

（一）都市圈是经济发达、资本青睐的增长引擎

从中国都市圈主要经济指标占比来看，31个都市圈GDP占全国GDP的比例达到47%，这些城市是中国经济最发达的地区。

从金融配置来看，以金融机构存贷款余额分布为例，直辖市、省会城市、计划单列市的金融机构存贷款余额占据绝对优势，此外，苏州、无锡、东莞、佛山等地级强市也表现不俗，依靠自身经济实力脱颖而出，吸引更多金融资本不断向这些城市及其周边地区集聚。各城市金融机构存贷款余额分布如图1-11所示。

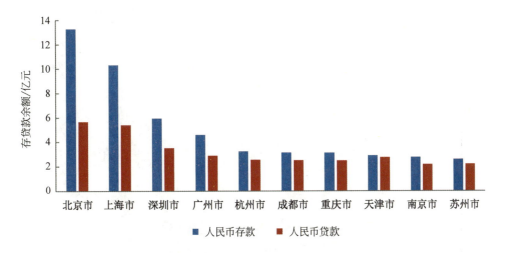

图 1-11　我国各城市金融机构存贷款余额分布图

数据来源：中国城市统计年鉴，华夏幸福产业研究院。

（二）都市圈是吸引人才、集聚企业的创新尖峰

大国大城的创新规模优势突出，都市圈是大企业的成长地和主要集聚地。截至 2017 年年底，绝大部分世界 500 强企业都分布在各国的都市圈范围内，占比达 92.4％，仅 35 家世界 500 强企业位于非都市圈范围内，具体如图 1-12 所示。

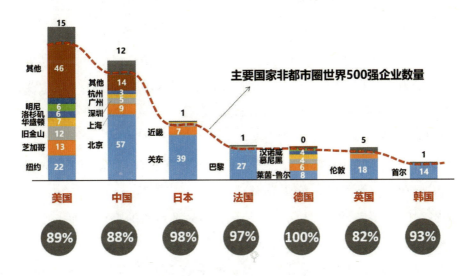

图 1-12　2017 年世界主要国家都市圈 500 强企业占比图

数据来源：财富杂志，华夏幸福产业研究院。

创新要素的集聚带来创新人才的集中分布、创新成果的集中涌现和头部企业的集中布局。

2016 年世界主要国家人均 GDP、专利申请量及人口规模分布关系如图 1-13 所示。

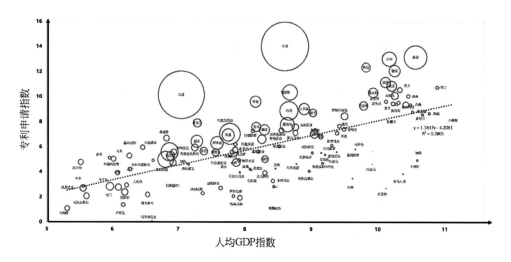

图 1-13　2016 年世界主要国家人均 GDP、专利申请量及人口规模分布关系图

注：图中的圆圈大小代表人口规模。

数据来源：华夏幸福产业研究院。

2017 年，国内申请发明专利数量最多的地区分布在广东、北京、江苏、浙江和上海。2017 年中国申请发明专利数量分布如图 1-14 所示。申请发明专利数量最多的 50 家企业中，74％分布在北京、深圳、上海和杭州，详见表 1-4。

都市圈是新技术的发源地，也是创新能力最强的区域。如图 1-12 所示，国内 88％的世界 500 强企业分布在各省会及其紧邻的周边区域，仅有 12 家世界 500 强企业分布在非都市圈范围内，约 70％左右企业分布在北京、上海、广州、深圳四大都市圈内，杭州都市圈集聚 3 家，其他都市圈集聚了 14 家。

截至 2017 年年底，北京、上海、广州、深圳四大都市圈的上市企业占比接近一半，70％的上市企业分布在东部沿海都市圈内。

根据 CB Insights 发布的全球独角兽榜单，截至 2017 年年底，我国 164 家独角兽企业中的 70 家发源于北京，占比 42％，北京、上海、杭州、深圳独角兽企业占全部的 73％，独角兽分布密度显著高于其他区域。

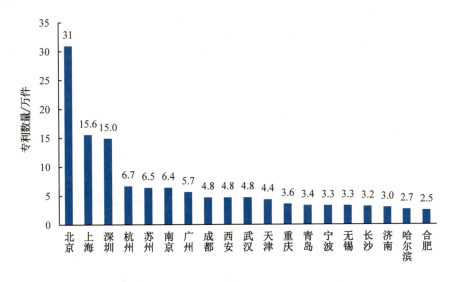

图 1-14　2017 年中国申请发明专利数量分布图

数据来源：Wind，华夏幸福产业研究院。

表 1-4　我国申请发明专利数量最多的 50 家企业分布表

区域	50 强企业数/个	占比/%	专利数量/件
北京	17	34	19 255
深圳	11	22	12 690
上海	6	12	2 510
杭州	3	6	934

数据来源：Wind，华夏幸福产业研究院。

（三）都市圈是交通便捷、联系通达的要素枢纽

截至 2017 年年底，我国 31 个都市圈核心城市高铁车次占全国的比例达到 75%，航班起降架次占比达 71%，高速公路里程占比 50%，都市圈货运总量占比 43%。我国主要城市与航班数排名详见表 1-5。我国都市圈核心城市铁路列车车次数、长途汽车站数量、港口码头数量分别如图 1-15、图 1-16 和图 1-17 所示。

2018 年春节，我国微信抢红包活跃度排名前十的城市分别是北京、深圳、上海、广州、成都、重庆、杭州、武汉、南京、苏州，微信在全球月活跃用户数首次突破 10 亿大关，以各大城市为核心的都市圈已成为我国名副其实的最活跃社交区域。

表 1-5 我国主要城市与航班数排名

排名	城市	航班数/架次	排名	城市	航班数/架次
1	上海	2 191	26	长春	460
2	北京	2 090	27	兰州	449
3	成都	1 787	28	福州	445
4	深圳	1 749	28	合肥	412
5	重庆	1 687	30	太原	368
6	广州	1 632	31	呼和浩特	346
7	西安	1 280	32	银川	338
8	昆明	1 262	33	珠海	338
9	杭州	1 202	34	温州	331
10	厦门	929	35	南昌	323
11	哈尔滨	914	36	石家庄	307
12	南京	828	37	烟台	287
13	乌鲁木齐	803	38	泉州	272
14	海口	729	39	宁波	246
15	郑州	706	40	西宁	229
16	天津	701	41	无锡	220
17	沈阳	694	42	拉萨	208
18	青岛	693	43	桂林	200
19	大连	681	44	丽江	179
20	贵阳	650	45	揭阳	175
21	武汉	650	46	西双版纳	122
22	长沙	607	47	湛江	119
23	济南	593	48	南通	109
24	三亚	524	49	库尔勒	96
25	南宁	503	50	徐州	93

数据来源：国家民航总局,华夏幸福产业研究院。

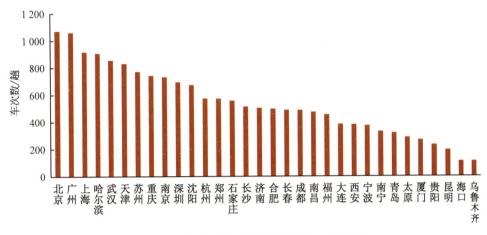

图 1-15 都市圈核心城市铁路列车车次数

数据来源：高德，华夏幸福产业研究院。

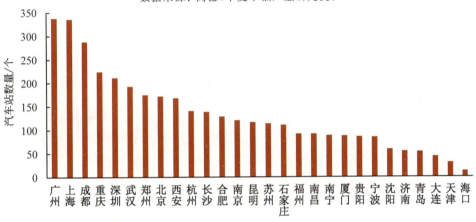

图 1-16 都市圈长途汽车站数量

数据来源：高德，华夏幸福产业研究院。

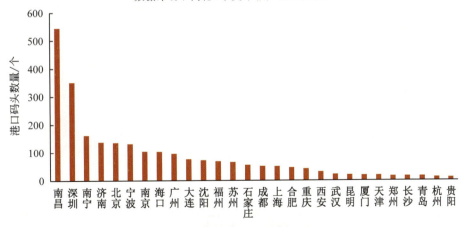

图 1-17 都市圈港口码头数量

数据来源：高德，华夏幸福产业研究院。

第二章 都市圈基本认识

基于国内外都市圈发展历程和学术研究，本章对"都市圈"概念进行梳理和界定，探讨其基本特征与范围划定，并在此基础上对识别出的 31 个国内主要都市圈进行分类分析。

一、都市圈概念

（一）都市圈概念的提出

城市化起始于英国工业革命,早期的工业化发展极大地推动了城市化进程。19世纪后半段,欧洲各地相继出现以工厂为中心的工业城市,并迅速波及北美地区。1890年到1950年,美国城市化水平从35%上升到64%,纽约、芝加哥等地都成为人口超过百万的城市。

20世纪六七十年代以及80年代早期,随着小汽车的普及,许多发达国家出现了大城市人口向郊区和小城市流动的逆城市化现象。1960年美国郊区人口占总人口的31%,1980年上升为45%。1971—1981年,英国20个主要大都市区占全国总人口的比例从39.9%下降到37.2%。

逆城市化的出现与大城市的产业结构调整有关,传统的制造业开始远离大的工业中心,向大城市的外围迁移,第二产业进行了重新配置,金融、商业和服务业代替制造业成为大城市的主导产业。1979—1982年,欧洲高城市化地区制造业的就业人数减少得最多,下降了18.4%。随着制造业的迁移,大城市人口也开始向城市外围流动。

"逆城市化"时期的一个显著特征就是以核心城市为中心的都市圈开始兴起,如著名的纽约都市圈、伦敦都市圈和巴黎都市圈等。核心城市和外围城市的空间联系更加紧密,形成了高度依存的功能分工。由此,人们开始关注"都市圈"的发展,与之相关的探讨也日渐兴起。

（二）都市圈概念的发展

在都市圈的相关研究中,日本学者起到了重要的推动作用。1951年,日本学者木内信藏提出城市地域分异的"三地带学说",认为大都市圈由中心地域、城市周边地域和市郊外缘广阔腹地三部分组成。以中心城市为核心,周边地域根据其影响强弱及功能组织不同被分为核心城市区、都市区、都市圈、大都市圈。核心城市以服务业为主,周围地区以工业为主;便捷交通线路相连,结构上相互依赖又各具特色。之后,小林博全面总结了日本国内外学者的看法,把都市圈的概念表述为以下三个方面:一是功能上相互联系的都市势力圈;二是被扩大的日常生活圈;

三是与中心城市相邻的扩展城市地域。

我国学者对都市圈的关注最早与"都市连绵带"有关。19世纪50年代,法国学者戈特曼针对美国东北海岸出现的城市连绵带现象首次提出"megalopolis"的概念,即起核心作用的一个中心城市或几个大城市再加上周边受到中心城市强烈辐射、有着紧密联系的地区所组成的城市经济区域。

1983年,我国学者首次用"巨大都市带"的译名向国内介绍戈特曼的思想。随后,国内对城市集群的研究逐渐开展起来。周一星提出了"都市连绵区"(metropolitan interlocking region)的概念,它是以都市区为基本组成单元、以若干大城市为核心并与周围地区保持强烈交互作用和密切社会联系、沿一条或多条交通走廊分布的巨型城乡一体化区域。之后,在国内大都市的研究中,学者们借鉴日本的经验,发展了中国式"都市圈"的概念。

中国学者的"都市圈"定义主要关注都市圈的"核心—边缘"结构和一体化发展趋势。张京祥、邹军等认为,"都市圈"是指一个或多个核心城市及与核心城市具有紧密社会、经济联系的具有一体化倾向的邻接城镇与地区共同构成的圈层式结构,并指出"都市圈"是客观形成与规划主观推动双向作用的产物。李耀星认为,都市圈由两部分组成:一是经济比较发达且有较强城市功能的中心城市;二是与其地域相邻且有密切经济联系的若干城镇。周克瑜认为,都市圈是一种以其高密度的城市、一定门槛规模的人口以及巨大的城市体系区别于其他地区和城市类型的空间组织。张伟综合各方面的研究成果,认为"都市圈"是由一个或多个中心城市和与其有紧密社会、经济联系的邻接城镇组成的、具有一体化倾向的协调发展区域,它以中心城市为核心,以发达的联系通道为依托,吸引辐射周边城市与区域,促进城市之间相互联系与协作,带动周边地区经济社会发展,且可以实施有效管理。

(三)对都市圈的定义

综合各类观点,本书将都市圈定义为:**以一个特大城市为核心,以与之有较强通勤联系的中小城市(镇)为基本范围,大中小城市协同发展形成的高度融合的网络状城镇体系。**

都市圈包含三个基本的圈层,分别为核心圈、城市圈和辐射圈,三个圈层的基本内涵如下:

- **核心圈**：集聚都市圈核心要素和主要城市职能、人口和经济密度较高、社会经济效益显著、辐射带动作用强的核心城市连片建成区。
- **城市圈**：依托于核心圈且与之有强经济社会联系的一体化发展区域。
- **辐射圈**：相对独立但与核心城市有较强经济、社会联系的区域。

二、都市圈特征

基于对都市圈的定义，结合国内外都市圈的发展历史及现状，我们总结出都市圈最关键的五大特征，即**有核、有轴、有圈、有点、有网**。

都市圈要素结构示意图如图 2-1 所示。

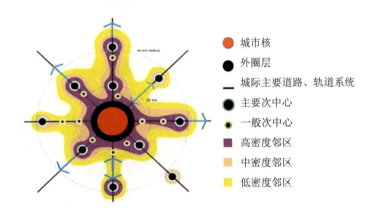

图 2-1　都市圈要素结构示意图

（一）强大的核

"核"指人口集聚、经济发达的特大城市中心区，是都市圈的核心依托。

作为核心增长极的高密度中心城市决定了都市圈的能级和辐射范围，人口、产业、公共资源等核心要素和主要城市功能均在此集聚。

（二）延展的轴

"轴"指以交通廊道为载体、连接中心区和周边中小城市（镇）的发展轴线，构成了都市圈发展的主动脉。

核心城市与周围地区保持强烈交互作用和密切社会联系，周边中小城市（镇）沿一条或多条交通走廊分布，都市圈依托包括轨道交通在内的多层次综合交通体系从中心向外围拓展，实现一体化发展。

（三）辐射的圈

"圈"指因中心区对周边城市（镇）辐射带动力逐渐减小而形成的具有明显人口密度和产业结构差异的圈层结构地域，是支撑都市圈发展的广阔腹地。

都市圈在空间格局上具有明显的圈层特征，随着核心城市势力从中心到外围的逐渐减弱，距离由近至远的不同圈层在人口、产业、地产、公共资源等维度呈现出不同的现状特征和未来发展趋势。

（四）关键的点

"点"指都市圈发展腹地中起到关键支撑作用的节点城市（镇），构成了都市圈的新增长极。

不同于以往各自封闭的独立发展模式，都市圈范围内的众多中小城市（镇）与核心城市谋求协调发展，节点城市（镇）的形成和壮大不仅有利于自身发展，也支撑着核心城市的转型升级和整个都市圈的拓展演化。

（五）紧密的网

"网"指都市圈内各城市（镇）间存在的密切的人流、物流、信息流等要素联系网络，是实现都市圈一体化发展的重要保障。

随着社会经济联系的不断加强，人口、产业等要素开始打破行政分割，在都市圈范围内有序流动，并实现合理配置，大中小各级城市协调发展，网络状新型城镇体系逐渐形成。

三、都市圈范围

（一）都市圈范围界定的国际通行方法

根据城市规划管理的需要，日本政府从 20 世纪 50 年代起，对都市圈制定了一系列的定量划定标准，并且不断修正。1995 年，日本总务省将 15 岁以上人口到中心市通勤或通学人员占该市总人口 1.5% 以上区域的中心市及周边市町村连成片的范围称为都市圈。总体来说，日本界定的都市圈基本范围包含一个达到一定人口规模的中心城市，以及与该城市具有一定通勤联系的外围地区。

美国政府从 1910 年开始提出基于统计需要的"大都市统计区"（metropolitan statistical area）概念，并在之后不断修正定量划分标准。其大都市统计区的划分标准与日本的都市圈类似,均包含一个达到一定人口规模的中心城市以及与其具有一定通勤联系的外围地区。不同的是,一开始美国的大都市统计区对整个区域的人口规模、城镇化率等指标做了要求,然而随着时间的推移,大都市统计区的发展状况越来越复杂多样,2000年开始,这些指标不再作为大都市统计区的划定要求。美国大都市区划分标准详见表2-1。

表 2-1 美国大都市区划分标准

时间	名称	中央核	流测度	大都市统计区特征
1980年	大都市统计区(MSA)	① 城市化地区人口5万以上 ② 如果最大市人口小于5万,则MSA/CMSA人口10万以上 ③ 如果相邻两个市人口均在5万以上,距离20英里以内,则被划为一个大都市区	通勤率50%以上	人口密度25人/平方英里以上
			通勤率40%以上	人口密度35人/平方英里以上
			通勤率25%以上	人口密度35人/平方英里以上且满足以下条件之一 ① 城市人口比重35% ② 10%以上或者至少5000人居住在城市化地区
			通勤率15%以上	人口密度50人/平方英里以上并且满足以下条件之二 ① 城市人口比重35%以上 ② 人口增长率20%以上 ③ 10%以上或者至少5000人居住在城市化地区
1990年	大都市区(MA)	5万人以上的城市化地区为核心	至少15%的非农业劳动力向中心县以内范围通勤或双向通勤率达到20%	① 从事非农业活动的劳动力占全县劳动力总量75%以上 ② 人口密度大于50人/平方英里且每10年人口增长率15%以上
2000年	基于中央核的统计区(CBSA)	① 城市化地区人口5万以上 ② 城市簇人口1万以上	与中心县之间双向就业通勤量达到就业人数25%及以上	无

中国学者结合本国国情从人口规模、通勤距离等指标出发给出都市圈界定标准。如崔功豪等提出,都市圈由中心都市圈、经济化水平较高的副中心都市圈、连片居住人口50万以上的中心城市及与之有密切联系的郊区城镇组成,一般以市中心或副中心向外约1小时的通勤交通距离为边缘,并认为我国百万人口以上的

特大城市具有明显的都市圈发展特征。刘承良等认为都市圈的界定标准是：中心城市人口不少于 100 万,临近城市人口不少于 50 万,圈域非农人口比重大于 50％,与中心城市通勤率大于 1.5％,圈域人口密度大于 250 人每平方千米。

（二）都市圈范围界定方法的选取

我们认为,都市圈可以被划分为三个圈层：最核心的圈层称为"核心圈";第二圈层称为"城市圈";最外圈层为"辐射圈"。目前,我们界定都市圈范围的方法主要有三种,分别为半径确定法、等时圈范围法和综合研判法（Population-POI-Commuting rate-Accessibility,PPCA）。

半径确定法指以核心城市中心为圆心、以一定距离为半径确定圈层范围的界定方法。该方法的优点在于简单明确、易于理解,但最终划分的圈层形状过于规则,与复杂的都市圈形态不匹配,且在方法中未考虑具体的区域间关联因素。半径确定法示意图如图 2-2 所示。

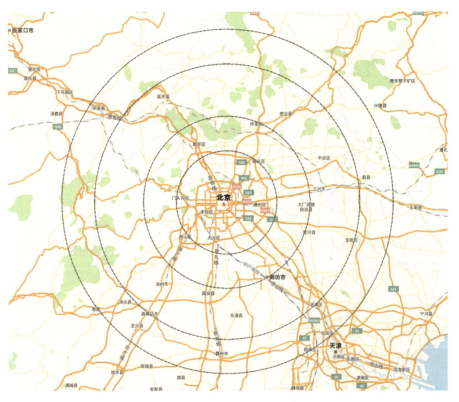

图 2-2 半径确定法示意图

等时圈范围法是目前应用较广泛、接受度较高的一种界定方法,其原理是以核心城市中心为起点,根据一定时间所能到达的地域来确定圈层范围。该方法能够反映交通因素的影响,但影响因子过于单一,难以描述复杂的区域关系。等时圈范围法示意图如图 2-3 所示。

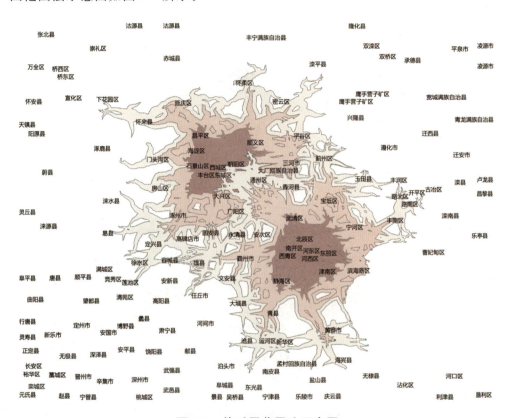

图 2-3　等时圈范围法示意图

综合研判法是指以与核心圈、核心城市之间的通勤联系程度为基础,综合半径、等时圈等方法确定圈层范围的界定方法。相比前两种方法,综合研判法在核心圈的界定中使用了人口、POI 等多项指标,最终结果以人口及 POI 最密集区域的实际范围为边界,在维度和精度上都更为科学;在城市圈、辐射圈的界定上,综合研判法既借鉴了国际上已有先例的通勤率指标,又参考了半径圈、等时圈的范围用以校验,在范围界定的结果上更有说服力。需要指出的是,城市圈与辐射圈的范围边界同样以实际范围为边界,突破了原有的行政区划。

综合上述方法的比较,下面我们将重点介绍综合研判法的界定原理,其示意图如图 2-4 所示。

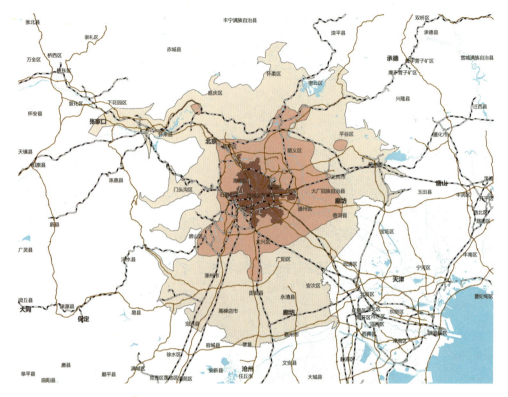

图 2-4　综合研判法示意图

综合研判法主要包括定核、划圈两个步骤。

1. 定核

以工作时段和休闲时段的人口分布为主要依据,综合考虑大型商场、公共设施、政府机构、餐饮美食、楼宇住宅、文化教育和医疗服务等 POI 分布,筛选出成片的高密度区域,再利用城市建成区范围和灯光图进行校验,最终确定核心圈范围。

工作人口分布很大程度上代表了企业所在地的分布状况,是都市圈核心区域生产力分布的集中反映;而休闲人口分布一定程度上代表了休闲场所和居住场所的分布状况,是都市圈核心区域生活状态的整体反映;两类人口的高密度区域相辅相成,组成了都市圈核心区域生产、生活中心的大体范围。大型商场、公共设施、政府机构、餐饮美食、楼宇住宅、文化教育和医疗服务等 POI 分布以及建成区范围、灯光图等作为新型大数据手段,可以辅助都市圈核心圈范围的划定。定核方法示意图如图 2-5 所示。

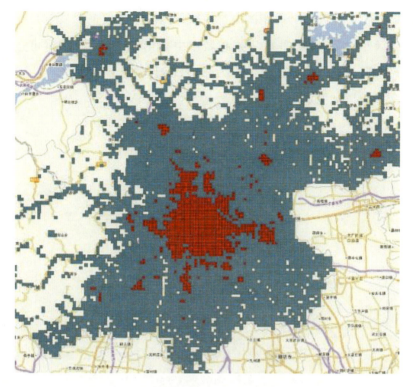

图 2-5 定核方法示意图

2. 划圈

（1）利用通勤率确定城市圈范围。

城市圈作为都市圈的第二圈层，与核心圈有较强的联动关系。依据国际经验，一般认为相互之间有 10% 及以上日常通勤的区域联系较强，我们采用 10% 作为通勤率的阈值划定城市圈（第二圈层）的范围。

A 区域到 B 区域的通勤率是指居住在 A 区域并且工作在 B 区域的人数占 A 区域总人数的比重。当外围区域到核心圈的不低于某一阈值时（因城市而异，一般为 10%），就将这些区域初定为城市圈所在范围，再根据建成区范围和灯光图，将城市圈初定范围中的连片区域（包含部分飞地）确定为城市圈的最终范围。

（2）利用等时圈确定辐射圈范围。

当前视角下，辐射圈与核心圈、城市圈的联系度可能尚不紧密，但其作为承接核心圈和城市圈产业转移和人口转移的重要区域，具有不可或缺的战略意义。结合城市发展实际，采用核心城市 1.5 小时等时圈作为辐射圈的基础范围。同时，核心城市的辐射范围是有限的，且辐射半径与核心城市的能级有关，因此使用 80

千米(一线城市为 100 千米)等距圈对都市圈外圈层进行校正。

此处,"X 小时等时圈"是指从核心城市中心出发、驾车 X 小时可达的范围。
"X 千米等距圈"是指以核心城市中心为圆心、X 千米为半径的圆。综合研判法圈
层识别结果示意图如图 2-6 所示。

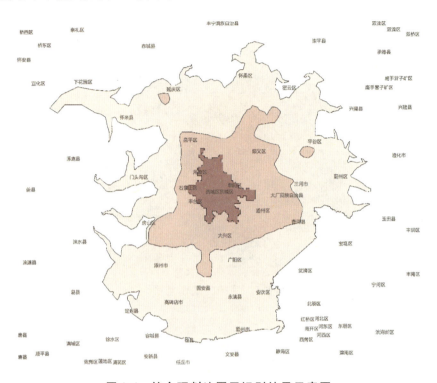

图 2-6　综合研判法圈层识别结果示意图

综上所述,我们利用综合研判法对国内 31 个重点都市圈进行了空间范围的
初步划定。

四、都市圈分类

不同都市圈拥有不同的规模体量,处于不同的发展阶段,承担不同的功能定
位,发挥不同程度的辐射带动作用,因此有必要对我国都市圈进行分类研究。基
于规模、能级、创新力 3 个视角,本书对国内 31 个都市圈进行了分类。

(一) 按照规模分类

按照人口规模,将 31 个都市圈划分为超大型都市圈(大于 3 000 万人)、特大型

都市圈(1 000万～3 000万人)、大型都市圈(小于1 000万人),具体分类见表2-2。

表2-2 31个都市圈分类(按规模)

都市圈类型	都市圈核心城市
超大型都市圈(4)	广州、上海、深圳、北京
特大型都市圈(11)	成都、郑州、杭州、武汉、南京、西安、重庆、天津、长沙、沈阳、厦门
大型都市圈(16)	石家庄、济南、宁波、合肥、青岛、福州、昆明、太原、长春、哈尔滨、南昌、贵阳、南宁、大连、乌鲁木齐、海口

(二)按照能级分类

综合人口规模、GDP体量、交通枢纽度(图2-7),将31个都市圈划分为超大型都市圈、特大型都市圈、大型都市圈,具体分类见表2-3。

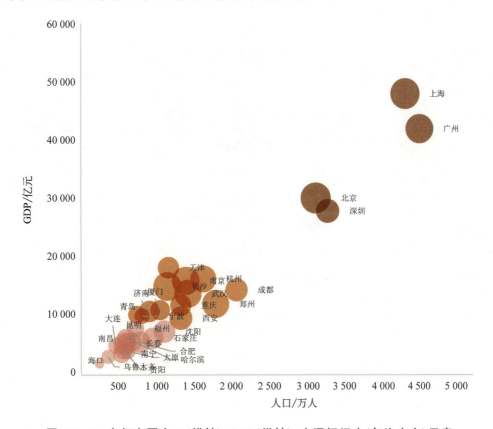

图2-7 31个都市圈人口(横轴)、GDP(纵轴)、交通枢纽度(气泡大小)示意

数据来源:各城市统计局,华夏幸福产业研究院。

表 2-3　31 个都市圈分类（按能级）

都市圈类型	都市圈核心城市
超大型都市圈（4）	上海、广州、北京、深圳
特大型都市圈（13）	南京、长沙、郑州、武汉、杭州、成都、天津、重庆、济南、厦门、青岛、宁波、西安
大型都市圈（14）	福州、沈阳、哈尔滨、长春、石家庄、合肥、南昌、昆明、贵阳、南宁、太原、大连、乌鲁木齐、海口

（三）按照创新力分类

综合创新基础、创新活力、创新环境、创新设施 4 个一级指标 23 个二级指标，将我国 31 个都市圈分为创新尖峰都市圈（全球性）、创新标杆都市圈（全国性）、创新高地都市圈（区域性），具体分类详见表 2-4。

表 2-4　31 个都市圈分类（按创新力）

都市圈类型	都市圈核心城市
创新尖峰都市圈（3）	北京、深圳、上海
创新标杆都市圈（9）	广州、杭州、成都、重庆、天津、武汉、南京、西安、合肥
创新高地都市圈（19）	青岛、长沙、郑州、石家庄、沈阳、济南、福州、宁波、大连、厦门、昆明、哈尔滨、南昌、太原、长春、贵阳、南宁、乌鲁木齐、海口

总体而言，都市圈分类研究丰富了都市圈研究的视角和维度，更加准确地剖析出同一能级都市圈间在交通通达性、人口集聚能力、创新发展活力、发展腹地支撑、未来发展空间等方面的优劣势，有利于区域精准发力补短板、增强区域发展后劲，同时对于制定区域发展规划、完善空间发展格局、提升区域经济发展活力等方面具有重要的指导和借鉴意义。

第三章　都市圈理论解构

　　都市圈的形成与发展受到政治、经济、文化等因素的影响，并在空间、人口、产业等维度呈现各异的演化规律。 为了更加系统全面地认识都市圈，本章梳理了地理学、经济学两个学科群及其交叉学科的相关理论，以期构建都市圈研究的理论基础，为都市圈发展提供系统指导、规律揭示和路径参考。

一、全景图

都市圈相关理论全景图如图 3-1 所示。

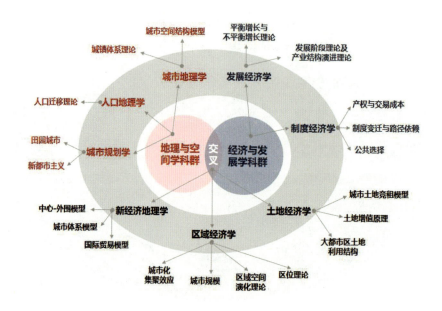

图 3-1　都市圈相关理论全景图

地理学学科群主要涉及城市地理学、人口地理学和城市规划学，旨在从区域差异和空间结构演化的视角为都市圈发展规律提供支撑。

经济学学科群涉及发展经济学、制度经济学等，为都市圈发展阶段、产业演变规律、政府权力结构、资源分配等重点问题提供理论指导。

地理-经济交叉学科群涉及新经济地理学、区域经济学和土地经济学，融合地理学与经济学方法体系，为认识都市圈演变规律提供思路参考。

二、地理学学科群

都市圈是一个复杂的空间系统，地理学相关的理论研究可以从区域差异和空间结构演化的视角认识都市圈的发展规律。本节的理论阐述主要围绕城市地理学、人口地理学以及城市规划学三个分支学科展开。

（一）城市地理学

1. 城市空间结构模型

城市的空间结构模式是城市地理学研究的重要议题，城市的空间结构具有一定规律性，存在明显的圈层和廊道。同心圆学说和扇形地带理论是其中较为经典的模型。

同心圆学说指城市土地利用的功能分区环绕市中心呈同心圆带向外扩展的结构模式，由美国社会学家帕克（R. E. Park）与伯吉斯（E. W. Burges）等人于 1925 年在对美国芝加哥市的调查中提出。该结构认为，城市由中心向郊区依次为中心商业区、过渡带（最初是富人居住区，后因商业、工业等经济活动的不断进入，环境质量下降，逐步成为贫民集中、犯罪率高的地方）、工人居住区、高级住宅区、通勤居民区（上层和中上层社会的郊外住宅也位于该区，并有一些小型卫星城）。

这个简单模型说明了城市土地市场的价值区分带：越近闹市区，土地利用集约程度越高，租金越高；越向外，土地利用集约程度越低，租金越低。在宏观效果上，同心圆模式基本符合单核结构城市的特点。

扇形地带理论认为，城市土地利用功能分带是从中心商业区向外放射，形成扇形地带，该理论由美国土地经济学家赫德（R. M. Hurd）于 1924 年研究美国 200 个城市的土地分异时提出。1936 年，霍伊特（H. Hoyt）在研究美国城市的房租分布后又加以发展。研究者认为，城市由市中心向外均匀发展的同心圆理论不能成立。由于城市发展从市中心沿交通线向外扩展，高租金地域会沿放射形道路呈楔形向外延伸，低收入住宅区的扇形位于高租金扇形旁边。

扇形地带理论是从众多城市比较研究中抽象出来的城市空间结构模型。半个多世纪以来的实践证明，因企业选址趋向于富裕市场，富裕居民区所在的扇形增长最快。

2. 城镇体系理论

城市间存在着腹地竞争，都市圈内必将形成大小城镇协调发展的城镇体系。城镇体系研究的集大成者当推中心地理论。中心地理论由德国城市地理学家克里斯塔勒（W. Christaller）和德国经济学家廖什（A. Lösch）分别于 1933 年和 1940 年提出。

中心地理论假定区域的人口分布是均匀的，生产者为谋取最大利润，会寻求掌握尽可能大的市场区,致使生产者之间的间隔距离尽可能地大;消费者为尽可能减少出行费用,都自觉地到最近的中心地购买货物或获取服务。为满足中心性需要,最终会形成中心地商业区位的六边形网络。由此,高效的组织物质财富生产和流通的空间结构必然是以城市为中心、并由相应多级市场区构成的网络体系。

3. 流空间理论

都市圈城镇空间格局将从单中心逐渐向多中心、网络化发展。"流空间"伴随着20世纪70年代的信息技术革命而浮现,并于90年代在全球建构。流空间理论最早由卡斯泰尔(Castells)提出。在城市空间理论中,空间被视为社会的物质性表达,城市作为一个空间片断,在发达资本主义阶段,由劳动力再生产的集体消费过程所建构。"流空间"被视为共享时间之社会实践的物质支撑,它强调时间层面的信息交流和距离层面的物质移动,在网络社会不断崛起之时,流动空间对地方空间的支配成为当代社会的主导性空间逻辑。

流空间是一种高级一体化的网络结构,是一个复杂的巨系统。此处的网络化与先前在区域发展过程中的空间网络化有所不同:其一,它以信息网络为基础架构;其二,它是全球范围的;其三,它的系统一体化趋势明显;其四,它的紧密性和强度增加;其五,不断壮大和扩展。卡斯泰尔(1998)认为,这样的网络可能存有等级,但没有中心,节点之间的关系是非对称的,全球经济空间结构将逐渐向网络化格局转变。

4. 巨型城市区域

都市圈发展的高级阶段,城市间联系更加复杂,节点城市分散发展,最终成为巨型城市区域在全球化中发挥作用。巨型城市区(The Mega-City Region)的概念由彼得·霍尔(P. Hall)于1999年提出。此概念与戈特曼的"都市带"有一定的相似性,但更加复杂,具有更强的区域内在联系。

巨型城市区域建立在卡斯泰尔的联系各独立城市元素的"流空间"的基础上,是克里斯塔勒的"城市等级体系"和"城市网络"概念的重新组合。随着信息技术和交通条件的发展,许多城市功能如企业后台管理、物流管理、新型总部综合体、传媒中心以及大规模娱乐和运动功能,随着时间的迁移重新布局在更为分散的位置。这种结合产生的城市区域是一种通过多元节点和链接所构成的网络,但在区域尺度上仍然存在一种清晰可辨的城市等级。

巨型城市区域的概念强调区域在全球化中的作用,并认为城市间高级生产性服务业产生的联系与区域的多中心结构相关联,它是一种超越了国家边界的新的城市形式。

(二)人口地理学

与都市圈演变有关的人口地理学理论以迁移理论为主。学术界普遍认为,人口迁移理论开始于 19 世纪末的英国学者莱文斯坦(E. G. Ravenstein),他在 1885 年和 1889 年发表了两篇关于"人口迁移规律"的论文,论文中以英国和其他工业国家作为研究对象,基于大量的数据统计,提出了那个时代人口迁移的七项法则,并指出受歧视、受压迫、沉重的负担、气候不佳、生活条件不合适等都是促使人口流动的原因,其中经济因素是最主要的影响因素,为当时人们理解人口迁移现象提供了一定帮助。

20 世纪 30 年代,赫伯尔(R. Herberle)指出人口迁移是由一系列的"力"引起的,包括促使一个人离开一个地方的"推力"和吸引他到另外一个地方的"拉力"。

20 世纪 50 年代,唐纳德・博格(D. J. Bague)正式提出了人口迁移的推拉模型(push and pull theory),他认为人口流动是两种不同方向的力作用的结果:一种是促使人口流动的力量;另一种是阻碍人口流动的力量。流出地存在"推"人口流动的因素,同时也存在"拉"人口的若干因素,只不过比较起来,"推"的力量要比"拉"的力量更大。博格较为全面地概括了影响人口迁移的 12 个方面的推力因素和 6 个方面的拉力因素。

20 世纪 60 年代,美国学者李(E. S. Lee)在莱文斯坦、赫伯尔等人研究的基础上,进一步发展了人口迁移理论,强调从迁出地到迁入地的过程中所遇到的吸力和阻力以及不同人群对此的反应,包括迁出地的影响因素、迁入地的影响因素、迁移过程的障碍和个体特征等方面内容。

人口地理学关于迁移机理的探讨有助于整体把握都市圈人口要素空间流动规律和趋势,具体包括但不限于以下方面:

人口迁移催生都市圈人口红利效应。人口迁移的根本原因是通过流动可以实现生活条件的改善,此时流入地中能够实现生活改善的因素就是拉力,如更多的就业机会,更高的收入水平,更好的基础设施和公共服务等,而流出地不利的发展条件就成为人口流动的推力。两种力量的共同作用促使流动人口不断向都市圈集聚,这是一种理性的选择。伴随流出地和流入地差异性的逐渐提升,人口迁移就越发活跃,迁移流量也就越大,将为都市圈提供充足的劳动力供给、基础设施规模化成本的降低,知识的外溢和创新的集聚等。

集聚不经济推动人口向外圈层流动。都市圈核心区因人口大规模流入出现交通拥堵、住房紧张、生活成本高企等负面效应,这些集聚不经济效应将使得核心区对于流动人口的"拉力"逐渐削弱。与此同时,伴随交通效率的提高以及周边地区公共服务和基础设施的完善,外圈层将逐渐成为新增人口的主要承载地。

(三)城市规划学

现代城市规划学的起源来自于以区域观应对城市发展问题,将单一城市发展过程中面临的挑战放到都市圈、城市群的尺度予以解决。

1. 田园城市理论

都市圈发展过程中,应控制城市增长规模,通过疏解人口和建设卫星城来实现城乡统筹与生态良好发展。

霍华德(Ebenezer Howard)在他的著作《明日,一条通向真正改革的和平道路》中,认为应该建设一种兼有城市和乡村优点的理想城市,他称之为"田园城市"。田园城市实质上是城和乡的结合体。

霍华德设想田园城市的群体组合模式是:由6个单体田园城市围绕中心城市而构成城市组群,他称之为"无贫民窟无烟尘的城市群"。其地理分布呈现行星体系特征。中心城市的规模较大些,建议人口为58 000人,面积12 000英亩。城市之间以快速交通(铁路、大运河和市际运河)和即时迅捷的通信设施相连。各城市经济上独立,政治上联盟,文化上密切联系。霍华德田园城市结构图如图3-2所示。

霍华德认为,建设新型城市,即建设一种把城市生活的优点同乡村的美好环境和谐地结合起来的田园城市。当城市人口增长达到一定规模时,就要建设另一座田园城市。若干个田园城市,环绕一个中心城市(人口为5万~8万人)布置,形成城市组群——社会城市。遍布全国的将是无数个城市组群,城市组群中每一座城镇在行政管理上是独立的,而各城镇的居民实际上属于社会城市的一个社区。霍华德认为,这是一种能使现代科学技术和社会改革目标充分发挥各自作用的城市形式。

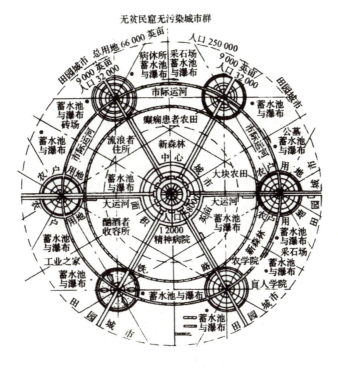

图 3-2　霍华德田园城市结构图

数据来源：吴志强，李德华. 城市规划原理[M]. 北京：中国建筑工业出版社，1981.

2. 明日城市理论

高密度城市、高效率交通应与高质量环境相结合。柯布西耶（Le Corbusier）的"现代城市"理想是对 20 世纪初城市发展规律和城市社会问题关注、思考和研究的集中体现。他提出了关于未来城市发展模式的设想，希望通过城市内部改造实现大城市各项功能的正常运行，使其能够适应未来发展的需要。

柯布西耶主张关于城市改造和建设的 4 个原则：减少市中心的拥堵、提高市中心的密度、增加交通运输的方式、增加城市的植被绿化。基于这些最基本的原则，柯布西耶以巴黎市中心为实例进行了 300 万人的"现代城市"规划设计，如图 3-3 所示。

3. 有机疏散理论

都市圈发展过程中，要通过疏解城市功能，解决城市的"大城市病"，促进都市圈内部组团有序形成和发展。针对 20 世纪初期大城市过分膨胀所带来的各种弊病，芬兰学者伊利尔·沙里宁提出有机疏散理论。他在 1943 年出版的著作《城市：它的发展、衰败和未来》中对其进行了详细的阐述。

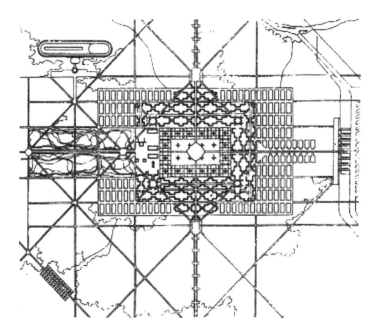

图 3-3　巴黎 300 万人的城市总体平面图

数据来源：柯布西耶.明日之城市［M］.李浩，译.北京：中国建筑工业出版社，2009.

　　沙里宁将城市比作生物活的机体，将城市片区比作细胞组织，单体建筑比作单个细胞，并把西方大城市的交通拥挤、贫民窟、无序扩张等看成细胞组织坏死（癌细胞），而这些细胞都有共同的特征，即有秩序地组合而成物体。若是细胞健全，有序组合，则物体健全；反之，组合就会秩序混乱，如图 3-4 所示。

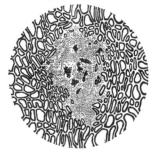

(a) 健康的细胞组织　　　　　(b) 衰亡的细胞组织

图 3-4　细胞组织的"有机系统"

数据来源：伊利尔·沙里宁.城市：它的发展、衰败和未来［M］.

顾启源，译.北京：中国建筑工业出版社，1986.

有机疏散理论把城市看作一个机体,面对城市出现的各种问题,从重组城市功能入手,将一个大都市区分为多数的"新城"或"区",消除内城中的衰败地区,将城市人口和工作岗位分散到可供合理开发的非中心的地域上,解构城市中心,逐渐缓解城市由中心向外无限扩展及人口聚集的紊乱现象。"区"之间用保护性的绿化带隔离开来。

强调"疏散"是将现有的密集区域分散到这些"集中单元"中,组成"相关活动的功能集中区"。严格控制每个新区域的大小和生活设施的数量,在区域内部,居民的活动相对集中,并且具有独立的生产功能,大大减少了对城市中心的依赖。

有机疏散体现了相对集中、绝对分散的结合自然的组团式布局,对都市圈内组团的发展和新城的建设都具有示范意义。

4. 新都市主义

市郊铁路、外溢产业、节点微中心有机融合的 TOD 模式[①]将有效引导都市圈生长方向。新都市主义的诞生是对城市蔓延的一种反应,力图通过限制城市边界、建设紧凑型城市和回归充满人情味的传统社区矫正"现代主义"开发所带来的城市问题。它主张限制城市边界,建设紧凑型城市,继承传统,复兴传统开发,坚持以人为本,建设充满人情味的新社区,强调尊重自然、回归自然,增强公众对城市规划的参与力度,提倡健康的生活方式,回归传统习惯性的邻里关系,实现社会平等和提高公共福利。传统邻里社区开发(TND)如图 3-5 所示。

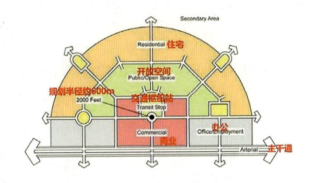

图 3-5 传统邻里社区开发(TND[②])

数据来源:中国城市网,华夏幸福产业研究院。

---

① TOD:Transit-Oriented Development,公共交通导向型发展模式。

② TND:Traditional Neighborhood Development,传统邻里开发模式。

新都市主义强调：市郊铁路、外溢产业、节点微中心有机融合的 TOD 模式将有效引导都市圈生长方向。典型的 TOD 导向发展模式（见图 3-6）强调都市圈的外围圈层由全域轨道交通与放射状公路引导，圈域内多层次公交系统有效接驳，产业、服务分层级协作，公共服务设施均衡高效，城镇建设疏密有致，都市圈生态廊道得到有效保护。

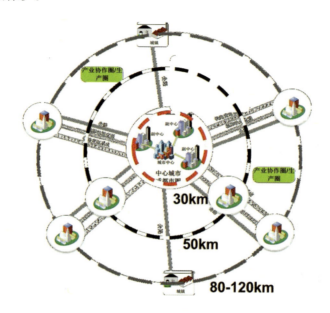

图 3-6　公共交通导向开发（TOD）

数据来源：华夏幸福产业研究院。

5. 区域规划学说

以区域视角审视城市问题是上百年来城市规划科学的核心认知。1915 年格迪斯出版了《进化中的城市：城市规划运动和文明之研究导论》一书，他通过对城市进行生态学的研究，强调人与环境的相互关系，将城市和乡村的规划纳入统一的体系中，使规划包括若干个城市及其周围所影响的整个区域。格迪斯首先把城市放到区域的层面上进行分析规划，然后运用哲学、社会学、生物学对城市地区进行综合研究。

美国学者芒福德明确地提出区域整体发展理论，认为"真正的城市规划必须是区域规划"。他指出，解决某个城市发展问题，必须把它同区域联系起来。这一基本理论为多个区域规划的实践提供了直接指导：1944 年英国学者艾伯克隆比主持编制了大伦敦区域规划;联邦德国自 1945 年开始着手编制"联邦德国国土整治纲要"、各个州"空间规划"和县"区域规划";法国也先后整治了罗纳河流域、北阿尔卑斯山区以及濒临大西洋的阿基坦地区;日本编制了全国性的综合开发计划;瑞典斯德哥尔摩于 1952 年编制了综合规划。

英国城市地理学家彼得·霍尔 1996 年指出,城市和区域规划可以被视为应解决城市和区域问题的需求而进行的一种具有前瞻性动机的理性过程。随着经济全球化、区域一体化和新区域主义的兴起,他在《城市与区域规划》一书中将近30 年区域政策和规划发生变化的深刻背景归纳为经济全球化、传统制造业和产品经济在许多城市的急剧衰退、知识经济和网络社会的到来及对环境议题的持久关注。

6. 城市规划理论的经典案例

"二战"以后,大伦敦规划持续进行了 4 个版本的编制,安排了以伦敦为核心的大都市圈的空间结构,以有机的疏散为目标,在大伦敦都市圈内规划出数十个新的"半独立"新城以承接中心区的外溢人口,为战后的城市重建分担压力。这些城镇疏解了伦敦市中心区的一些基本功能,提供了居住和就业场所,分担了伦敦市中心区的 1/3 以上的人口压力。大伦敦规划的演进可以看作上述规划思想的集合,也是都市圈发展理论与实践相结合的最好案例之一。

1944 年的大伦敦规划提出了许多超前的理念,在产生城市拥挤、希望把人分散出去的背景下,提出了伦敦市中心、边缘、郊区、远郊的不同开发模式,对中心区边缘不同的开发强度、密度等都进行了良好的界定,并以 48km 半径为限,划出城市内环、郊区圈、绿带环、乡村外环 4 个圈层;另外还借鉴了邻里单元,强调公交、轨道单元的城市开发理念。1944 年伦敦规划的圈层划分与新城分布如图 3-7所示。

1967 年,伦敦沿着轨道交通系统向外继续扩张,形成了独特的空间结构特征,即环状结构不是很强,但放射状结构很强,如图 3-8 所示。因此,规划试图改变同心圆封闭布局模式,使城市沿着快速交通干线向外扩展,并在 3 条交通带终端建设 3 座有反磁力吸引中心作用的城市。

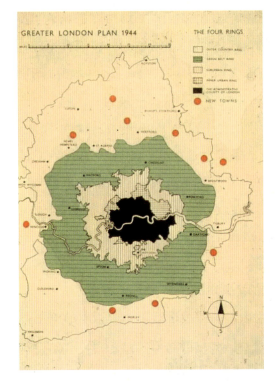

图 3-7　1944 年伦敦规划的圈层划分与新城分布

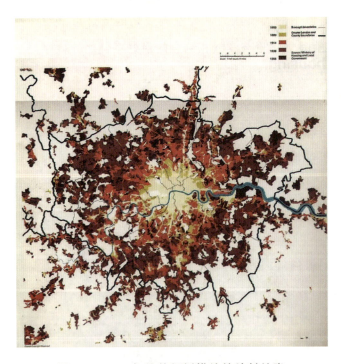

图 3-8　1967 年伦敦规划描绘的放射扩张

2004 年伦敦规划强调均衡发展,向东是最重要的发展方向,向北强调以剑桥为代表的高科技,向西、向南相对较弱。2008 年伦敦规划将伦敦分为五个片区进行战略性规划,力图消除 32 个行政区的边界限制,使片区内、片区与中心区之间形成良好的交通联系和产业互动,具体如图 3-9 所示。

图 3-9　2008 年大伦敦规划提出的 5 个片区

最新的《伦敦规划——空间发展战略》(2011 版)将大伦敦全域空间范围划分为外伦敦、内伦敦和中央活动区,并对 3 个地区提出了不同的更新战略引导:外伦敦——促进发展,承载全伦敦 60% 的人口和 40% 的就业,是未来的人口增长重要地区;内伦敦——调节贫富差距,平衡地区发展;中央活动区——在全球化背景下城市经济结构趋于多元,城市中心功能也更加丰富,原本的中央商务区(CBD)概念已经与城市发展趋势不符,于是使用了功能更加多元、空间更加混合的城市中央活动区(CAZ)来引导中心区发展,使其成为伦敦的核心竞争地区。

2011 年大伦敦战略规划提出的三大分区如图 3-10 所示。

三、经济学学科群

作为区域经济组织实体,发展是都市圈的第一要务。在理论视角下,经济学能为都市圈发展提供从"大动脉"到"毛细血管"的系统理论指导、规律揭示和路径

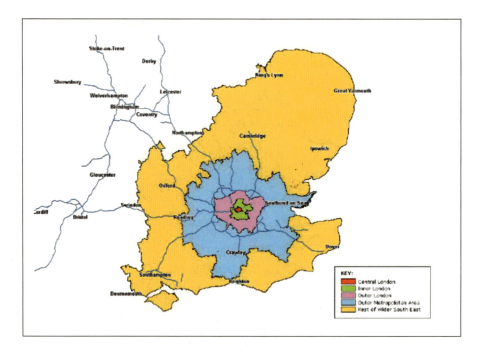

图 3-10　2011 年大伦敦战略规划提出的三大分区

参考。其中,发展经济学从宏观的视野、动态的角度去探讨都市圈发展战略在一国经济中的必然性和合理性,也为都市圈发展阶段、产业演变规律提供理论指导;区域经济学从城市的形成动力、空间演化、规模体系、产业区位选择等角度为都市圈发展提供理论支撑;而土地经济学、制度经济学、新政治经济学则深入到都市圈发展的具体要素和相关主体,去揭示发展规律、提供发展路径选择。

(一)发展经济学

相较于新古典经济学,发展经济学更注重以动态的视角从互相联系的因果关系中去研究经济发展问题,研究一个经济体从不发达状态向发达状态的过渡,考虑的要素更为复杂多元,能从结构改革的角度为发展中国家发展战略和路径提供针对性指导。发展经济学中平衡增长理论与不平衡增长理论都可以用来说明都市圈的发展;发展阶段论和产业结构演进理论则可以用来阐释都市圈在不同阶段的产业调整路径。

1. 平衡增长与不平衡增长理论

关于区域平衡增长与不平衡增长之间的争论一直没有停止,都市圈是我国向高水平均衡迈进的关键阶段。

平衡增长理论的代表之一是发展经济学家纳克斯的"贫困恶性循环论",他认为,发展中国家的"穷"是因为"穷"。"穷"的表现是收入低,而收入又分为消费和储蓄,由此造成两个恶性循环:一是人均收入低—需求不足和市场狭小—恶化投资预期—降低投资水平—资本形成少—劳动生产率低—人均国民收入低;二是收入低—储蓄低—投资低—资本不足—劳动生产率低—收入低。而要打破恶性循环,关键在于突破资本形成不足的约束,对大范围的各工业部门同时投资,全面扩大市场,提高需求弹性,通过供给(投资)创造需求,从恶性循环摆脱出来。纳克斯、罗森斯坦·罗丹等平衡增长论者认为,宏观经济的计划化是政府在平衡增长战略中最为有力的手段,但只要市场发育充分,私人企业的自发活动也会促进经济的平衡增长。

不平衡增长理论主要指增长极理论,最早在 20 世纪 50 年代由法国经济学家弗朗索瓦·佩鲁在其著作《经济空间:理论与应用》中提出。增长极理论认为经济发展在时间和空间上都不是均衡分布的,一些主导部门和具有创新能力的行业会率先获得发展,出现增长极。1957 年,缪尔达尔提出循环积累因果关系原理,后经卡尔多等人发展并具体化为模型,认为在一个欠发达的经济体中,存在扩展效应和回荡(回波)效应,存在积累关系,这是造成区域经济难以协调发展的重要原因。1958 年,美国经济学家赫希曼在《经济发展战略》中提出增长极的极化效应和涓流效应概念,核心内容包括三大部分,即引致投资最大化原理、联系效应理论和优先发展进口替代工业原则。增长极理论强调资源配置效率和部门间的联系效应,认为在不同时期内,经济增长的势头不会在所有地区和部门中同时出现,而是集中在某些具有创新能力的行业和主导产业部门,而这些行业和部门通常集聚在大城市中心,从而形成增长极。

总体上,增长极战略的决策是以创造短期的、事先的不平衡,来求得长期的、事后的平衡,两者并不矛盾。当极化作用达到一定程度,并且增长极已扩展到足够强大时,会产生向周围地区的扩散作用,将生产要素扩散到周围的区域,从而带动周围区域的增长。因此,从后发国家的发展实践看,增长极理论更契合实际。要推动一个国家或地区的平衡发展,首先需要重点发展具有推动作用的增长极。

而都市圈可以说是国家级或地区级增长极，是一个经济体从低水平均衡阶段向高水平均衡阶段发展的关键阶段。发展阶段与区域特征如图3-11所示。

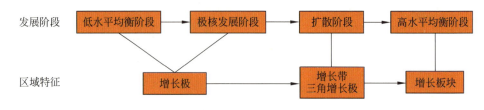

图3-11 发展阶段与区域特征

2. 发展阶段理论与产业结构演进理论

都市圈产业结构时空演化有据可循。发展经济学认为，经济结构升级对区域的经济发展至关重要。罗斯托的经济成长阶段论认为，一个国家或地区的经济发展要经过6个阶段：一是传统社会阶段；二是为"起飞"创造前提阶段；三是起飞阶段；四是向成熟推进阶段；五是群众性高额消费阶段；六是追求生活质量阶段。不同发展阶段对应不同的产业结构。

克拉克（Clarke）通过对多个国家各部门劳动投入和总产出资料的整理与比较后得出：随着人均国民收入水平的提高，劳动力首先由第一产业向第二产业转移，当人均国民收入水平进一步提高时，劳动力便向第三产业转移。这一结论和威廉·配第（William Petty）的产业间收入差距合称为配第—克拉克定律。德国经济学家霍夫曼对工业结构的演变进行了研究，提出霍夫曼定理，认为消费资料和资本资料的净产值之比在工业化的发展过程中是不断下降的，并依据霍夫曼系数把工业化发展的渐进过程分为4个阶段。库兹涅茨（Kuznets，1966）依据发达国家的历史资料以及不同国家不同时点的横截面数据分析，得出经济发展中产业结构演变的规律：第一产业实现的国民收入占比不断下降，且该产业的劳动力占比也不断下降；第二产业比重大体呈上升趋势，劳动力总体保持不变或略有上升；第三产业收入比重大体保持不变或略有上升，劳动力占比总体上升。

钱纳里和赛尔奎因（1986）在《工业化和经济增长的比较优势》中构造了经济发展和产业结构变动的标准形式，并根据人均GDP，将不发达经济到成熟工业经济整个变化过程划分为3个阶段6个时期，提出从任何一个发展阶段向更高一个阶段的跃进都是通过产业结构转化来推动的。

工业化进程不同阶段标志值详见表 3-1。

表 3-1　工业化进程不同阶段标志值

基本指标	前工业化阶段	初期阶段	中期阶段	后期阶段	初级阶段	高级阶段
2001 年人均 GDP/美元	600～1 200	1 200～2 400	2 400～4 800	4 800～9 000	9 000～14 400	14 400～21 600
三次产业结构	农业＞工业	农业＞20％，农业＜工业	农业＜20％，工业＞服务业	农业＜10％，工业＞服务业	农业＜10％，工业＜服务业	农业＜5％，工业＜服务业
第一产业就业人员占比	60％以上	45％～60％	30％～45％	10％～30％	5％～10％	5％以下
城镇化率	30％以下	30％～50％	50％～60％	60％～75％	75％～85％	85％以上

数据来源：根据钱纳里等(1989)、库兹涅茨(1999)、科迪(1990)等有关资料整理。

都市圈发育程度不同，其所处的经济增长阶段及所对应的产业结构也不尽相同。都市圈产业结构演化实质上是产业联系和空间联系在内生、外生因素作用下的演化过程。演化机制归结为：在环境因素的作用下，都市圈中心城市、次中心城市和一般城市产业结构各自演化，中心城市由于具有初始优势而优先得到发展，人力、资源、科技等大量禀赋资源通过集聚机制汇聚于此；伴随着中心城市产业的演化，一些禀赋资源又以扩散的形式流动到次中心城市和一般城市，与资源同时流动的还有反向流动的价值。不同类型城市产业间就是通过要素和价值的双重流动重新配置资源，不断实现产业结构的演化。

（二）制度经济学

对比新、老制度经济学(见表 3-2)，新制度经济学重视对非市场因素的分析，强调制度因素及法律、历史、社会伦理等因素对社会经济生活的影响。其核心内容包括产权与交易成本(科斯等)、制度变迁与路径依赖(诺斯等)，能从不同维度对都市圈治理机制的完善，以及为人口、资源、环境和经济的协调可持续发展提供借鉴。

表 3-2 新、老制度经济学理论体系的比较

时间	流派及代表人物		逻辑起点	核心范畴	逻辑主线	理论构件	主要组成部分
19 世纪末至 20 世纪 30 年代	制度主义：凡勃仑、康芒斯、密契尔	制度经济学	分析"有闲阶级"产生和存在原因，关注"本能"和习惯	制度	对资本主义经济制度的分析	一个聚集创造性思想的"保护伞"，制度演化思想是核心	凡勃仑：制度演化理论、技术决定论 康芒斯：法律调和论 密契尔：商业循环论 加尔布雷斯：抗衡力量理论、技术发展必然性理论、国家干预论 缪尔达尔：循环积累因果联系理论
20 世纪 30 年代至 20 世纪 50 年代	加尔布雷斯						
	后制度经济学：加尔布雷斯、缪尔达尔						
20 世纪 40 年代至今	新制度经济学：科斯、诺思	新制度经济学	分析企业性质和存在原因，关注"企业"	交易和交易成本	交易成本分析方法	一个集众多学科于一体的"共识"集合，交易成本理论是核心	科斯：交易成本理论、产权理论 诺思：制度变迁理论、路径依赖理论

1. 产权与交易成本

科斯(R. H. Coase)1937 年在《企业的性质》一文中首次提出交易成本(transaction costs)概念,1960 年他在《社会成本问题》一文中深化该概念,后被概括为科斯定理(Coase Theorem)。其核心观点是:当交易成本为零时,无论初始产权如何界定(归谁所有),都能够通过谈判自动形成最有效率的安排;而在交易成本不为零的情况下,不同的初始产权配置将导致不同的资源配置结果。

基于此,威廉姆森(O. Williamson)发展完善了交易成本经济学(TCE),经济组织的核心问题在于节省成本,一项交易要选择交易成本最小的"治理结构"来完成,把属性各不相同的交易与成本和效能各不相同的治理结构"匹配"起来。

哈特(O. Hart)进一步从契约不完全性出发,对剩余控制权等一系列问题进行研究。他认为,由于人们的有限理性、信息的不完全性及交易事项的不确定性,明晰所有特殊权力的成本过高,拟定完全契约是不可能的,不完全契约必然经常存在。在此情境下,剩余控制权分配实质上就是产权分配,主要依赖于各方的谈判力,并影响其事前投入状况。

科斯、哈特等人还从委托—代理角度出发,以制度激励约束为核心,分析代理问题及由此产生的绩效报酬、所有权结构等问题,揭示代理成本与各种"分离与控制"问题的关系,通过隐藏行动和隐藏信息两类信息不对称下的委托—代理博弈模型得出最优机制设计的理论对策。

现实中交易成本的存在造成对理论推演情形的背离,对产权结构重要性的强调有效提高了经济学在现实世界中的解释力。由于使用稀缺资源而发生的利益冲突必须用特定的规则(即产权)来解决,厘清人与人之间由社会规定的关系构成了市场分析的起始条件。

2. 制度变迁与路径依赖

制度是社会的博弈规则,提供特定激励框架,进而形成各种经济、政治、社会组织,包括正式约束(如法律)、非正式约束(如习俗、宗教)以及实施机制这三大构成要素。诺思(D. North)以成本—收益为分析工具论证产权结构选择的合理性、国家存在的必要性以及意识形态的重要性,将经济学的分析解释能力拓展至政治、文化等人类行为。

诺思发展了制度性路径依赖的概念,即在制度变迁过程中,不同国家中不同制度的演变与其过去的制度相关,主要受到建设成本、学习效应、协调效应、适应性预期这四种报酬递增的制约。制度决定兑付能力,如果过去的制度能使其本身具备兑现承诺的能力,则制度向良性循环演进,兑付能力越来越强,反之亦然。

制度经济学关于制度变迁与路径依赖的理论观点与都市圈治理制度的联系最为密切,如政府作用及其兑付能力(政府与市场各自的功能定位)、顶层制度设计(通过法律法规等形式正式界定的跨行政区协调治理机制)、文化等非正式制约(文化、习俗、宗教等因素对都市圈发展的影响)、政策实施(人与制度的关系)等。

(三)新政治经济学

凯恩斯主义理论诞生前,西方经济学界多基于古典经济学框架研究市场中的个体经济行为。1929 年经济大危机发生后,主张政府干预的凯恩斯主义经济学盛行。然而,到了 20 世纪六七十年代,西方国家普遍出现了经济增长停滞、通货膨胀和高失业率并存的现象。主流经济学界在对古典经济学和凯恩斯主义经济学的反思和批判过程中,开始关注经济活动中的政治问题。这一背景下,以公共选择学派为代表的新政治经济学研究逐渐兴起。新政治经济学提供了新的认识和理解经济与政治决策的工具和视角,有助于解释现实世界里并非由单一市场力量所驱动的复杂政治经济行为,也是当代西方国家推进政府改革的重要理论基础。但到目前为止,新政治经济学研究尚未形成独立的系统性经济学学科,经济学界通常将新政治经济学视作针对特定政治经济问题的研究的集合。

新古典经济体系的经济学研究只关注市场上的个体选择行为,而公共选择学派将经济学的研究方法和政治学研究内容相结合,借鉴新古典经济学的基本假定,认为政治市场上的人也是寻求个体利益最大化的理性经济人。因此,政治过程实质上是以利益交换为基础的市场行为。布坎南(J. M. Buchanan)在 1962 年与塔洛克(G. Tullok)共同发表了公共选择理论的奠基著作《赞同的计算》(*The Calculus of Consent*),探讨在外部性、公共物品和规模经济出现的场景中如何实现合理有效的资源配置,开创了公共选择领域的研究。目前,西方公共选择理论的研究主要分为两条主线:一条是研究直接民主制度下的投票制度问题,即如何在既定的投票制规则下实现从个人选择过渡到集体选择;另一条是研究代议制民主下的特殊问题,包括宪政民主、政党政治和官僚体制等。其中,比较经典的应用包括俱乐部理论(人们在一定的假设条件下会根据福利最大化原则对加入和退出某一俱乐部以及加入哪个俱乐部进行选择)、利益集团理论(利益集团成员有一致的利益倾向和政策偏好,集体行动的影响力大于分散的个体行动的影响力)等。

随着公共选择理论的兴起,西方经济学界开始借鉴公共选择理论研究视角,来分析现实世界里复杂的政治经济行为,形成了一系列的新政治经济学研究成果。例如,20世纪八九十年代,Qian and Roland(1997)等学者分析发展中国家的财政分权问题,解构了政府供给公共品的"黑箱过程",注重阐述政府结构、政治过程和政府行为动机在财政分权制度中的作用,形成了第二代财政分权理论。Besley and Case(1995)借鉴公共选择学派理论视角提出了标尺竞争模型,认为地方居民作为投票人无法获知公共产品供给的真实成本,税率是反映公共品供给成本的信号。投票人把其他地区的税率作为标尺来评价本地政府的相对绩效,导致地方政府间的税收模仿等策略性竞争行为。周黎安(2007)在标尺竞争模型基础上,基于中国政治制度提出中国官员的晋升锦标赛模式。

都市圈发展受到市场和政府两方面力量的影响。新政治经济学提供了分析现实世界里复杂的政治经济行为的理论视角。借鉴新政治经济学的研究理念和研究视角,有助于我们更好地解构和理解都市圈发展过程中的政府力量参与,包括都市圈内公共资源的配置、都市圈内政府主导的规划行为、都市圈内政府间的互动性竞争策略等。

四、地理—经济交叉学科群

本节的理论阐述从地理学和经济学的交叉学科出发,主要围绕新经济地理学、区域经济学、土地经济学三个分支学科展开。

(一)新经济地理学

传统地理学从区域的发展出发来解释因企业选址、人口流动等因素产生的区域差异。20世纪80年代,以美国经济学家克鲁格曼为代表的一批学者开创了新经济地理学,解释为什么在两个具有完全相同外部条件的地区,制造业会选择某一区域而不选择另外的地区实现产业集聚。其中,不完全竞争、报酬递增、人口流动和运输成本交互作用是其考虑的重要因素。

新经济地理学研究框架如图 3-12 所示。

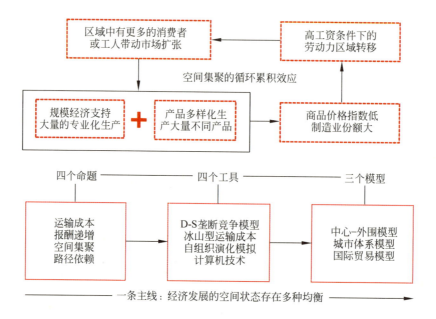

图 3-12　新经济地理学研究框架图

克鲁格曼对于中心—外围模型的构建实质上是建立在新贸易理论的基础上,考虑地区间要素流动的特性,进而解释初始条件相同的两个地区如何在规模报酬递增、运输成本和劳动力流动的前提下最终演变为中心和外围。中心—外围模型显示,在中等运输成本下产业的前后向关联最强,若此时某一区域制造业市场份额相对较大,则该区域价格指数较低,进而实现生产成本的降低、工资支付能力的提高和劳动力的集聚,在空间上形成中心—外围格局,并在循环累积因果原理的作用下不断持续。

克鲁格曼认为,城市层级体系呈现自组织演化特征,这是向心力和离心力共同博弈的结果。其中,向心力是由于产业集聚而产生的前后向关联,而离心力则是逐渐高企的地租和不可移动的要素所造成的。伴随着城市人口规模不断壮大,周边的腹地与中心的距离会不断增大,当腹地距离中心足够远时,部分制造业就会实现逃离,形成新的城市。一旦城市数量足够多,城市规模和城市间距离会逐渐趋于相对稳定的水平。

在中心—外围理论和城市体系自组织模型中,要素流动在集聚形成过程中起到重要作用,但在国际专业化模型中集聚机制不再是传统的要素流动,而是以中间产品作为纽带的前后向联系。国际专业化模型中的关键词是中间产品、产业前后向联系和贸易成本,厂商作为中间产品生产者和消费者的双重身份促使集聚过程的产生。国际专业化模型表明,产业间联系的结果不一定是人口在特定国家集中,但会造成某些制造业部门在几个国家高度集聚,进而提升产业分工的细化和专业化。当运输成本处中间水平时,这种前后向联系效应最强,所产生的向心力最大,集聚最有可能发生。

新经济地理学关于经济活动的空间集聚和区域增长集聚动力的探讨有助于我们理解都市圈空间格局的形成机制。

第一,大城市的规模效应是都市圈形成的原始动力。大城市对于劳动力、资本、技术等要素的原始积累,打破了原有的均衡发展态势,这种规模集聚效应构成都市圈发展的原始动力。

第二,循环累积和路径依赖是都市圈发展的关键依托。各类要素累积性的循环发展趋势将强化原始聚集,惯性的力量也促使集聚不断自我强化,使得集聚的格局一旦产生就不会被轻易打破。

第三,向心力和离心力的博弈形成都市圈稳定的城镇体系。核心城市人口达到一定规模,制造业就会向城市外迁移,生成更多的城市,一旦城市数量足够多,城市的规模和城间距离在离心力和向心力的相互作用下,会达到稳定的状态,形成稳定的城市层级。

(二)区域经济学

区域经济学属于地理学和经济学的交叉学科,研究基于空间地域的经济学现象,探索区域经济发展的规律。其中,城市经济学属于区域经济学的学科范畴,主要研究城镇发展的相关问题。区域经济学的空间演化理论、区位理论以及城市经济学的城市规模理论、城市边界理论等都是研究都市圈的重要方面。

1. 城市发展的推动力

城市化集聚效应推动都市圈经济形成。企业集群所引致的集聚经济包括在产业水平上的地方化经济和城市水平上的城市化经济。前者是指某一产业内的企业向同一地区集中;后者是指集聚经济突破产业界限,横跨多个产业。城市化经济主要通过以下四方面实现经济效应的最大化,从而在推动城市经济发展上具有优势:

一是要素投入分享机制、劳动力储备效应、技能匹配效应。通过分享中间投入品(如商业服务、运输服务、公共基础设施)等,选址于大城市的企业不仅可以选择不同种类的投入品,而且其支付的价格也相对较低。而在大城市里,劳动力储备也相对丰富,技能匹配能力更强,利好劳动力供方和企业需求方双方。

二是集团总部与功能专门化。将企业集团集聚在城市内部,分享商业企业提供的服务,使其能够分享城市化经济效应。

三是知识溢出效应。地理上的相互接近使得人们相互交换知识变得更加容易,在知识溢出效应的影响下新思想不断出现,不仅促进了新产品的生产,还可以创造出生产旧产品的新方法。

四是学习机会和社会交往机会。大城市可以产生更高的兴趣匹配性,每个网络都将成为一个社会兴趣的集合点。生活在城市里的居民可以有更多的机会去实现社会兴趣的匹配。

都市圈在城市的基础上,将城市化集聚效应发挥到极致。

2. 城市规模

城市规模不能极小化,但可以极大化。城市最优规模的研究主要有三大类:一是基于当地公共物品研究最优城市规模;二是基于产品多样性与本地市场效应研究最优规模;三是基于劳动生产率和外部经济研究最优城市规模。城市的规模大小由城市的效用水平决定。效用曲线则是规模经济和规模不经济共同作用的结果。规模经济是指由于城市人口规模扩大而带来的本地化经济向城市化经济发展、劳动力市场共享、信息交流知识溢出等。规模不经济是指由于城市人口过度扩张而带来的地价上升、住房短缺、通勤成本、交通拥挤、环境污染、管理成本等外部成本以及基础设施与公共服务成本等门槛成本的提高。城市作为具有规模自调节机制的载体,在集聚利益等于集聚成本时,会形成均衡点,即城市的适度规模,并形成发展边界。

城市规模的成本与收益如图 3-13 所示。

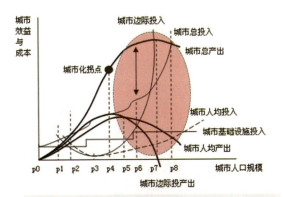

图 3-13　城市规模的成本与收益

但是,在不完全信息背景下,城市经济活动的各个主体之间竞争博弈的结果往往不能实现最优的城市规模。因为企业和家庭在进入城市的过程中,并不考虑给其他经济活动主体带来的外部性,城市经济体的社会边际收益与社会边际成本和城市经济活动中个体的边际收益与边际成本不一致,最终导致城市经济体过度庞大。总体上,一个城市可以极大化,但不能极小化。因为城市规模小,其效用水平位于效用曲线的正斜率部分,向外移动的正向收益大于负面收益,从而向大城市移动。

都市圈的形成放大了城市集聚效益,最大限度地提升了规模经济的效用,增加了规模不经济的阈值,使城市的规模大于理论值。同时,完善的中小城镇体系使小城市在城镇体系中得到提升。

3. 区域空间演化理论

都市圈的空间结构发展将由集聚走向扩散。赫希曼(A. O. Hirshman)认为,在区域发展过程中区域增加值存在极化—涓滴效应,极化效应体现在:资金和劳动力等要素向发达地区集聚,发达与欠发达地区差距扩大。涓滴效应体现在:一是发达地区为欠发达地区的劳动力提供就业机会;二是发达地区向欠发达地区购买商品和增加投资;三是发达地区先进技术、制度、观念等进步因素向欠发达地区的涓滴。赫希曼认为,在区域经济发展中,涓滴效应最终会大于极化效应,原因主要为发达地区出现城市拥挤等环境问题,此外欠发达地区的落后会从需求方面限制发达地区的经济扩张。由此看出,都市圈内外圈层协调发展是必然趋势,未来,都市圈外圈层的发展潜力巨大。

此外,美国学者弗里德曼(J. R. Friedman)在 1966 年出版的《区域发展政策》一书中也提出了一个空间结构演化模型,他把区域空间结构的演变划分为 4 个阶段。在每个阶段,区域空间结构表现出特有的形式,详见表 3-3。

表 3-3　弗里德曼区域空间结构演变阶段

发展阶段	经济发展	空间结构具体形式	空间特点
前工业阶段	生产力水平低下	① 有若干个地方中心存在,无等级结构分异 ② 相对封闭,彼此很少联系	低水平均衡
工业化初期	经济快速增长	① 区域经济的中心形成(长期积累或外部刺激) ② 该中心不断吸引外围要素集聚,越来越强大,外围地区则更趋落后	空间结构日趋不平衡
工业化阶段	经济继续快速增长	① 新的经济中心产生 ② 新经济中心与原经济中心在发展、空间上相互联系与组合 ③ 若干规模不等的中心——外围结构	区域空间结构趋向复杂化和有序化
后工业化阶段	经济发展达到较高水平	① 各地区之间经济交往日趋紧密、广泛 ② 经济中心与外围地区联系越来越紧密,经济水平差异缩小	最终走向空间一体化

数据来源:李小建,李国平,等.经济地理学[M].北京:高等教育出版社,2006.

4. 城镇体系演化理论

都市圈未来城镇规模结构将呈现金字塔型,即以大城市为中心、中小城市为骨干、小城镇为基础的多层级的城镇体系。藤田昌久(Fujita, Krugman, Mori, 1999)等人第一次回答了经济规模与运输成本之间是如何相互作用形成中心地的空间结构问题,并借助于模型化的中心地理论,分析以人口增长为诱因时,城镇体系的空间演化与等级体系的不同。

该模型在假定存在一个中心城市,在此基础上,构建新经济地理学模型,以反映地区间、部门间实际收入水平的潜力函数为判别手段,借助数值模拟方法,演绎人口增加与产业转移、城镇体系形成的关系。模型采用人口增长作为城镇体系演化的动因,认为伴随人口持续增长和空间扩展,产业将按照等级次序依次转移,不同等级的产业转移过程就是城市等级结构与空间结构形成的过程,而空间结构的形成过程是不断优化重组的过程。

此外,森知也(Tomoya Mori,1997)还探讨了低成本运输条件下,运输成本与城市群演化的交互作用、过程与机理。该模型认为足够高的制造业运输成本和足够低的制造业运输成本都会成为企业分散的力量,使单中心城市格局变得不稳定。当工业品的运输成本很高时,区域空间将会演化为相互分割的城市格局,每个城市服务于当地的市场,当工业品的运输成本很低时,中心城市之间的空间将被新城市所填充,直到城市间没有足够大的农村区域支撑城市发展,最终形成城市群的空间结构。

未来都市圈内城市原有的行政关系决定的等级观念将逐步淡化,而逐渐形成水平网络关系,城市地位将更多取决于其在城市网络中的地位。大城市尤其是超大城市将充分发挥城市集聚效应,促进具备条件的中等城市尽快成长为大城市,以弥补都市圈城镇体系中支撑性节点城市数量不足等问题。

5. 区位理论

区位理论最早起源于19世纪初的杜能环理论,该理论认为,城市周边土地利用类型及农业集约化程度是由距离城市中心远近决定的。1885年,德国学者龙哈德在其发表的《国民经济学说的数学论证》一文中率先提出了工业企业布局的"重量三角形"和"价格漏斗三角形"模型,为工业区位理论奠定了基础。此后,随着该理论的发展,深化出四大学派,即以德国经济学家阿·韦伯为代表的最低成本派、美国学者胡佛和赖利的运输费用学派、廖什的市场区位学派和阿伦·普雷特的社会行为学派。1933年,德国地理学家克里斯塔勒在其所著《德国南部的中心地》一书中提出了中心地理论,建立了销售利润与需求门槛和销售范围的盈亏关系以及合理的六边形销售服务区模式,创立了按市场、交通、行政原则构筑不同等级中心地的方法,从而形成了一定区域内中心地功能等级、数量和空间分布的系统理论。20世纪60年代至20世纪80年代的新古典区位理论,主要代表包括阿隆索竞租曲线,其他理论更侧重考虑包括社会文化、结构等在内的综合因素来研究城市产业分布。

都市圈产业空间结构演化如图3-14所示。

从区位布局的空间扩散角度出发,熊彼特(1939)认为,由于技术创新在空间分布上是不平衡的,创新总是由核心扩散到边缘,再扩散到外缘。1953年,瑞典地理学家哈格斯特朗首次系统地提出空间扩散理论,此后各国学者把社会经济活动

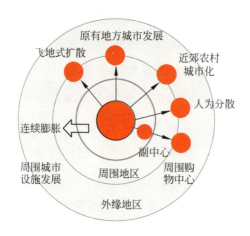

图 3-14　都市圈产业空间结构演化

空间扩散方式概括为以下几种：一是周边扩散；二是等级式扩散；三是点轴式扩散；四是跳跃式扩散；五是反磁力式扩散。

总体上，都市圈的产业地域结构由市中心向周边扩散分别为中心商务区、中心边缘区、中间带、向心外援带、放射近郊区等，其中混合型经济活动较为明显。都市圈产业结合不同的资源要素、地租、交通及其他基础条件形成合理的功能分布和特色集群。

（三）土地经济学

土地是一切社会经济活动的载体，本书采用土地经济学相关原理来解释都市圈的土地价值分布和土地使用规律。

1. 城市土地竞租模型

单中心城市以中心商业区为中心，地租由内向外逐渐递减。1964 年，美国哈佛大学教授威廉·阿朗索（W. Alonso）出版了《区位和土地利用——地租的一般化理论》一书，将杜能关于农业土地利用（基于生产者视角的微观经济学范畴，然而城市中以居住者居多）的分析引申到对城市的土地利用分析中来，以解释城市内部的土地利用与地价之分布。

该模型中的城市呈圆形，其中心是中央商务区，所有的居民都在中央商务区工作，并且住在外围。他们的通勤呈放射状，即从任何一点都可以由直线而到达中央商务区。居民对于土地的利用，一方面由于居住而获得效用；另一方面由于通勤而花费交通成本。城市的扩张会在某一点达到平衡，形成边界。所有的土地都是租赁的,地租的决定机制是土地服务的价格,居民作为承租者,所能支付的最高地租作为土地的竞标地租出现,因此竞标地租随着居住地与中央商务区的距离而递减。

2. 土地增值原理

城市土地开发中的配套设施建设将带来土地公共增值;城市的扩张带来的土地价值的增长在城市边缘更大。从广义的城市土地价值出发,土地增值即土地价值的增长。土地公共增值是指城市发展中的客观因素作用所导致的土地增值,主要包括邻里选择和外部性两方面原因。城市土地开发中的配套设施建设将会带来巨大的土地公共增值。土地公共增值的影响因素如图 3-15 所示。

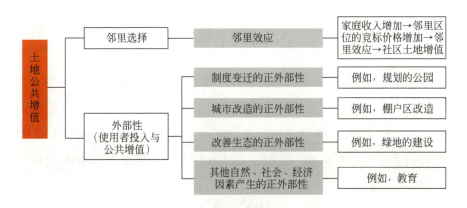

图 3-15 土地公共增值的影响因素

除了土地的公共增值之外,城市的扩张也会带来土地价值的变化。假设城市土地租金是位置租金和农业用地租金两项合并而成的。在城市向外扩张的过程中,土地价格的第一部分为农用地价,在任何时期都是不变的,是农业用地租金的现值,对于城市土地来说,相当于一种机会成本。当城市向外扩张时,已开发土地未来位置租金被抬升。在当前边缘外,由于这种增长要经过未来的一定时间的开发才能获得,所以它以指数形式下降。城市增长与土地价值变化如图 3-16 所示。

3. 大都市区土地利用结构

大都市区内部将形成中心—外围的区域分工,单中心的城市将逐渐向多中心发展。在城市的早期发展中,写字楼、仓库、制造工厂和商店都位于中央商务区。随着时间的推移,第一类分散化的企业是那些从事制造或者仓储的企业。造成这种结果的原因包括:一是工业技术包括交通系统的改进和储存技术的发展使得工

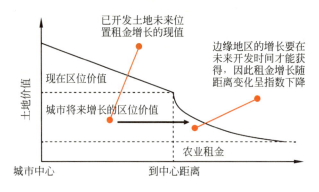

图 3-16 城市增长与土地价值变化

业用途的土地租金梯度在不同空间上变得更为平缓,企业愿意为中心位置每单位土地支付的租金会低于其他的使用用途;二是对于许多企业来说,运输成本已低于工人的通勤成本,因此迁移到城郊会使生产成本下降。

与 CBD 的企业相比,工资较低的郊区企业具有更加明显的成本优势。当工作人员的交通距离最短时,土地租金也是最低的。这一论点最终形成理想的企业完全分散化的状态,出现一串单独的企业－工作人员次中心。然而在大多数都市区,分散化的企业往往集聚在一定数量的次级中心。集聚效应的存在使得较大的次中心能够为企业提供生产优势,从而可以支付较高的工资来留住工作人员。

由于制造业和服务业的分工潜力和集聚经济效应存在差异,制造业和服务业在集聚—扩散的动态演进过程中逐渐形成中心—外围空间结构,中心城区主要以服务业集聚为主,外围城区主要以制造业集聚为主。大都市区的产业地域分工如图 3-17 所示。

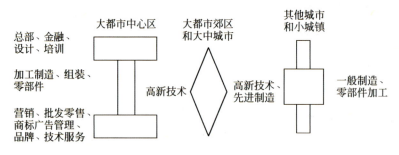

图 3-17 大都市区的产业地域分工

第四章　中国都市圈演化规律初探

结合国内都市圈发展现状和国际都市圈演化过程，本章从空间、人口、产业、房地产、公共资源配置五个重要维度，对都市圈演化规律进行梳理和总结。

一、空间演化

都市圈概念的提出,是对城市发展规律认识的升华。都市圈在空间上的演化,既遵循城市发展的基本规律,也受到城市周边区域和自身发展特点的影响。本书从都市圈的形成、空间结构与范围、影响因素等维度,总结都市圈空间演化的一般规律。

(一)都市圈由城市生长演变而来,且突破了城市行政边界的约束

1. 都市圈的发展会突破核心城市的行政边界,与周边节点城市、卫星城等形成具有高度联系的城镇网络体系

都市圈以特大城市或大城市为核心进行空间拓展,伴随都市圈的成长,其空间范围将突破核心城市的行政边界,最终以功能地域作为实际边界。都市圈发展到一定阶段后,扩散效应将大于聚集效应,核心城市与周边区域的要素联系将逐渐加强,都市圈城镇体系网络将日趋成熟,成为都市圈可持续发展的强力支撑。以武汉都市圈内的团风县为例,该县在行政关系上隶属黄冈市,但从都市圈角度看,实际更易受到武汉的影响。

都市圈边界一般有同心圆边界、行政边界、都市圈边界三个不同维度,如图 4-1 所示。

2. 都市圈由核心城市生长演变而来,都市圈的形成需经历集聚、扩张、网络化三个阶段,逐步实现由单中心向网络化的空间转变

都市圈是城市演化扩张的高级阶段,因此都市圈的空间演化与城市发展规律存在一致性。首先,由于核心城市的虹吸效应和集聚效应,在发展初期,都市圈人口、资源等会不断向核心城市集聚。当核心城市发展到一定阶段之后,经济活动的扩散效应逐渐大于集聚效应,核心城市的资源和经济活动沿廊道向周边输出,产生郊区化现象。同时,外围区域承接核心城市扩散的资源,不断发展壮大,形成区域节点枢纽、产业新城,随着相互间联系逐渐加强,最终形成核心城市—中小城市—乡镇—村落的网络化空间格局。

核心城市向都市圈转化的发展阶段如图 4-2 所示。

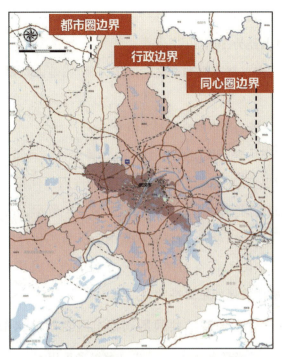

图 4-1　三个不同维度的都市圈边界

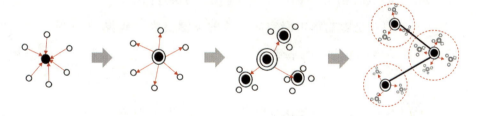

图 4-2　核心城市向都市圈转化的发展阶段

数据来源：方创琳，姚士谋，刘盛和. 2010 中国城市群发展报告. 北京：科学出版社，2011.

（二）都市圈具有由中心向外梯次递减的圈层结构，廊道构成向外扩张的发展轴

1. 都市圈由中心向外围呈现圈层化分布规律

由于人类经济活动的集聚与扩散规律，都市圈内各个圈层存在非均衡发展现象，这在空间上表现为由中心向外围的梯次空间分布规律。具体来讲，核心城市的人类经济活动密集，单位经济强度高，从中心向外围区域，经济活动强度递减，呈现梯次分布的圈层化结构。此外，不同能级都市圈辐射半径差异显著，主要受核心城市的规模、大小及空间规划等因素共同作用。一般而言，特大型Ⅰ类都市

圈空间辐射范围可达到60~80千米;特大型Ⅱ类市圈辐射半径为40~60千米;大型Ⅰ类都市圈辐射半径为30~50千米。

以北京都市圈、南京都市圈和济南都市圈为例,三地人口圈层化分布如图4-3所示。

2. 交通廊道引导带动都市圈空间形态演变

都市圈空间扩张呈现沿廊道向外生长的显著特征。廊道,尤其是交通廊道,成为都市圈各圈层要素联系的重要依托,对于都市圈空间形态发展具有重要影响,从济南都市圈的空间形态演变可见一斑,如图4-4所示。此外,都市圈发展廊道能级差异显著,廊道能级越高,对要素集聚的吸引力越强,对都市圈向外扩张的带动能力也越强。总体而言,空间廊道的分布和能级对都市圈空间形态影响显著,是实现都市圈协调发展的重要推动力。

(三)城市禀赋与规划调控共同影响都市圈空间演化形态

1. 都市圈的空间扩张受自然条件、历史文化等多重因素影响,核心城市的规模、行政等级、战略定位和枢纽度对都市圈空间范围具有决定作用

首先,自然禀赋是影响都市圈空间生长的关键要素。地貌、水文等自然条件会影响都市圈的空间范围,如平原地区都市圈的空间范围和发展腹地会相对较大。

其次,都市圈的空间范围与核心城市的发展规模、行政等级、战略定位和枢纽度等密切相关。

一般而言,核心城市的规模越大,行政能级越高,都市圈的空间辐射范围就越大。同样,城市战略定位和枢纽度也会影响都市圈的空间范围和能级,核心城市的综合枢纽水平较高,其所在都市圈的空间范围也往往较大。

2. 政府规划调控是改变都市圈空间形态的重要因素

主动的规划调控影响都市圈空间扩展过程。一方面,城市规划通过影响城市性质和定位、城市重大基础设施布局、城市功能分区等,对城市的面貌、布局形态、规模等方面产生直接作用;另一方面,城市规划调控一般是法定的,一经确定,在一定时期内将保持稳定,对城市空间布局形态产生持续性的约束作用。

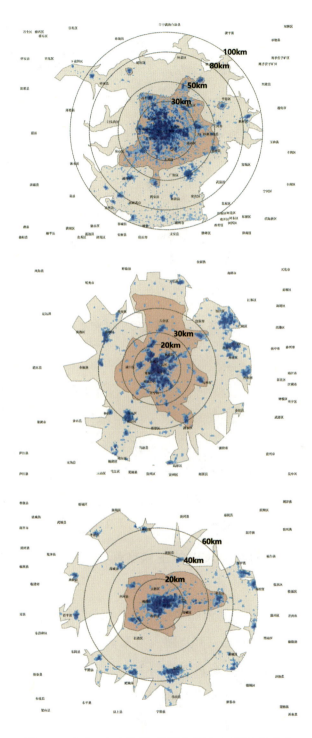

图 4-3 北京、南京和济南都市圈人口圈层化分布

数据来源：高德，华夏幸福产业研究院。

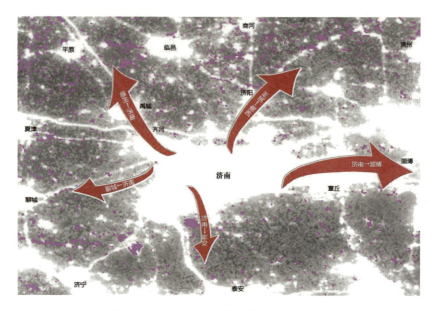

图 4-4　济南都市圈空间扩张廊道分布

二、人口演化

人口决定城市未来,在中国流动人口规模下降与都市圈集聚增强并存的背景下,把握都市圈人口发展内在规律、研判都市圈未来人口发展趋势意义重大。基于对国内外典型都市圈发展历程的梳理,结合传统数据与多源大数据,本书对都市圈人口发展规律进行了初步思考。

(一)都市圈是吸纳流动人口的主体空间,一定时期内都市圈人口规模 将持续增长

以北京和东京为例,两大都市圈人口发展历程凸显了都市圈强大的人口吸引力和集聚力。1990—2016 年北京都市圈人口规模从 1 756 万扩张至 3 120 万,净增长 1 364 万,如图 4-5 所示。东京都市圈 1920—2015 年人口规模从 768 万增加至 3 613 万,规模净增长达到 2 845 万,如图 4-6 所示。

(二)人口自然增长贡献减弱,迁移增长渐成都市圈人口增长核心来源

都市圈人口增长来源于自然增长和迁移增长。伴随经济发展水平的提高,人口出生率和自然增长率低位徘徊,人口自然增长贡献逐步弱化。迁移人口成为都

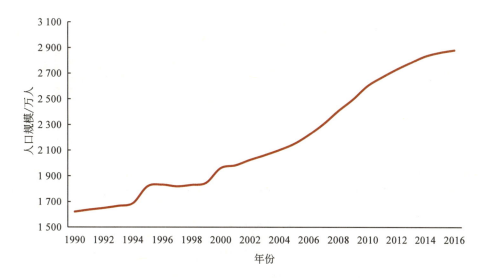

图 4-5　1990—2016 年北京都市圈人口发展历程

数据来源：北京市统计年鉴、河北经济年鉴，华夏幸福产业研究院。

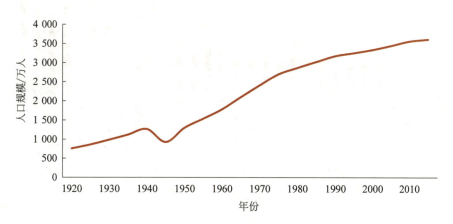

图 4-6　1920—2015 年东京都市圈人口发展历程

数据来源：日本总务省统计局，华夏幸福产业研究院。

市圈人口增长的关键支撑，外来人口占总人口的比例不断提升。北京外来人口占比从 1990 年的 5％增加至 2016 年的 37％，如图 4-7 所示。上海则从 1990 年的 4％增长为 2016 年的 41％，如图 4-8 所示。

（三）核心圈人口迁移呈现近域迁移和平行迁移两种主体形态

核心圈人口迁移呈现近域迁移和平行迁移两种主体形态。前者指人口迁移的来源地和目的地集中于邻近区域，后者指人口迁移的来源地和目的地集中于经

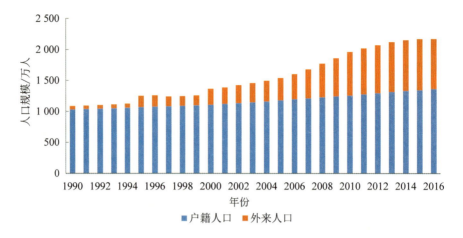

图 4-7　1990—2016 年北京户籍人口和外来人口规模变化

数据来源：北京市统计年鉴 2017，华夏幸福产业研究院。

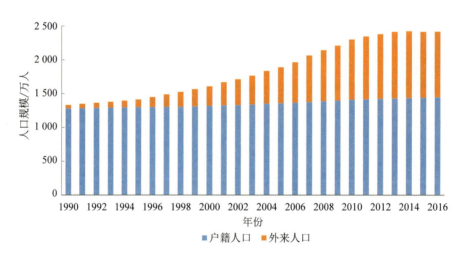

图 4-8　1990—2016 年上海户籍人口和外来人口规模变化

数据来源：上海市统计年鉴 2017，华夏幸福产业研究院。

济发展水平相近的其他区域。以武汉都市圈为例，2017 年 1 月至 2018 年 1 月，武汉市净迁入人口 31.2 万，前二十五位城市迁入人口规模占比达到 62.6%，其中平行迁入人口占比 15.5%，省内人口迁入占比 46.3%，如图 4-9 所示。

（四）都市圈外圈层人口迁入呈现拦截与疏散并存态势

都市圈外圈层一方面拦截圈外流向核心圈的人口，另一方面承接来自核心圈的人口外溢。节点新城是外圈层人口承载的关键支撑，在都市圈人口演化中扮演

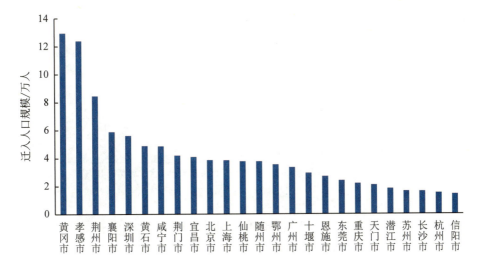

图 4-9　2017 年 1 月—2018 年 1 月年武汉市人口迁入

来源地分布和前二十五位迁入地排名

数据来源：高德，华夏幸福产业研究院。

重要角色。从北京主要卫星城 2000 年和 2010 年的人口来源构成来看，来自其他区县和来自外省的人口规模占比均大幅提升，尤其是外省人口规模占比增势明显，表明外围节点新城对圈外流入人口的分流作用日益突出，如图 4-10 和图 4-11 所示。

图 4-10　2000 年和 2010 年北京各新城总人口中来自外省人口规模占比

数据来源：北京市第五次和第六次人口普查数据，华夏幸福产业研究院。

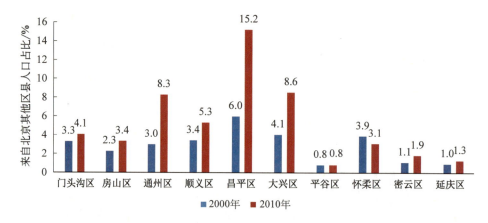

图 4-11　2000 年和 2010 年北京各新城总人口中

来自北京其他区县人口规模

数据来源：北京市第五次和第六次人口普查数据，华夏幸福产业研究院。

（五）都市圈发展中后期，外圈层成为新增人口的集中承载地

都市圈人口演化历程呈现典型的阶段性特征，中后期核心圈人口规模趋于稳定，外圈层成为新增人口集中承载地。以东京都市圈为例，发展初期，东京都心人口加速增长，外围区县人口增长缓慢；进入发展中后期，东京都心人口增长趋于稳定，外围区县成为新增人口的主体吸纳空间，如图 4-12 所示。北京都市圈也表现出类似的规律，2014 年以来，外圈层人口增速开始超过核心圈，成为北京都市圈人口增长的主力区域，如图 4-13 所示。

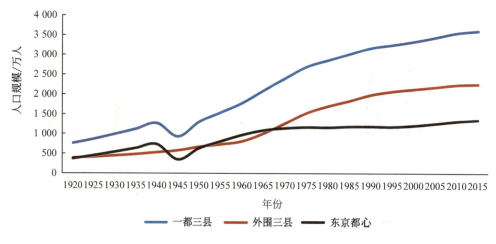

图 4-12　1920—2015 年东京都市圈人口发展历程

数据来源：日本总务省统计局，华夏幸福产业研究院。

图 4-13　2006—2016 年北京都市圈三圈层人口发展增速变化

数据来源：北京市统计年鉴，河北经济年鉴，华夏幸福产业研究院。

从北京都市圈来看，20 世纪 90 年代，核心圈人口加速集聚，年复合增长率高达 4.6%，外圈层人口发展迟缓。进入 21 世纪以来，城市圈和辐射圈人口增长先后发力，核心圈人口增速急剧下滑，2016 年外圈层人口规模增长开始超过核心圈，考虑到核心圈居高不下的人口密度和内外圈层巨大的人口密度落差，未来北京都市圈外圈层人口规模有望进一步加速增长。如图 4-14、图 4-15 和图 4-16 所示。

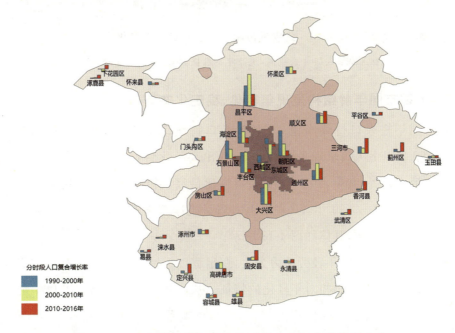

图 4-14　北京都市圈各区县分时段人口复合增长率分布

数据来源：人口普查数据，统计年鉴数据，华夏幸福产业研究院。

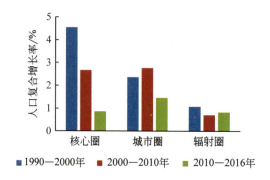

图 4-15　北京都市圈各圈层人口复合增长率

数据来源：人口普查数据、统计年鉴数据、华夏幸福产业研究院。

图 4-16　北京都市圈各圈层人口增量变化

数据来源：人口普查数据、统计年鉴数据、华夏幸福产业研究院。

（六）都市圈年龄结构呈现年轻化、稳定化态势

都市圈年轻人口持续净流入，老年人口持续净流出。从北京来看，1990—2010 年，60 岁以上人口呈现净流出态势，迁出高龄化特点日渐突出，15～59 岁人口呈现净流入态势，其中，20～24 岁人口占比最高，具体如图 4-17 所示。从东京都市圈来看，1970—2010 年，50 岁以上人口呈现净流出态势，20～24 岁人口是净迁入人群的主体构成，具体如图 4-18 所示。

都市圈吸纳人口以年轻劳动力为主，一定程度上减缓了老龄化对都市圈人口年龄结构的冲击，表现出相对年轻化的特征。从广州和大伦敦地区人口年龄结构来看，均呈现"两头小、中间大"的特征，人口红利优势明显，如图 4-19 和图 4-20所示。

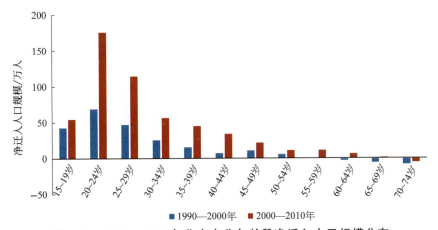

图 4-17　1990—2010 年北京市分年龄段净迁入人口规模分布

数据来源：北京市 1990 年、2000 年和 2010 年人口普查数据，华夏幸福产业研究院。

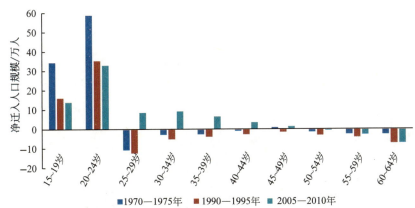

图 4-18　1970—2010 年东京都市圈分年龄段净迁入人口规模分布

数据来源：日本总务省统计局，华夏幸福产业研究院。

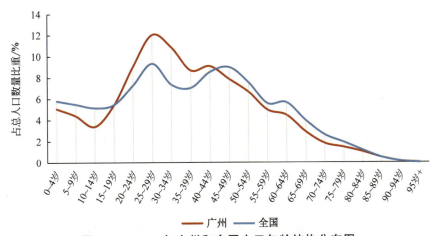

图 4-19　2016 年广州和全国人口年龄结构分布图

数据来源：广州市统计年鉴，中国统计年鉴，华夏幸福产业研究院。

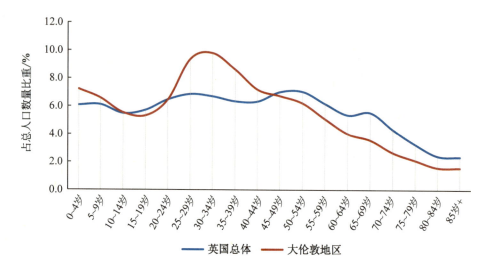

图 4-20　2016 年大伦敦地区和英国人口年龄结构分布图

数据来源：ONS，华夏幸福产业研究院。

年轻劳动力的持续涌入能显著减缓都市圈老龄化速度，保持年龄结构的相对稳定。以广州为例（见图 4-21），2000—2015 年间，区域人口年龄结构保持相对稳

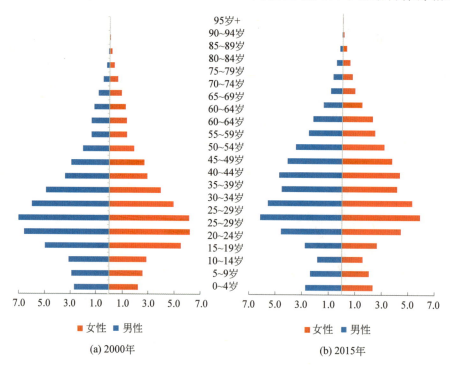

图 4-21　2000 年与 2015 年广州人口年龄结构金字塔图

数据来源：广州市统计局，华夏幸福产业研究院。

定。幼儿层(0～4 岁)人口占比由 4.9％增长至 5.1％,青壮年层(25～44 岁)人口占比由 39.3％增长至 40.7％,65 岁以上人口占比由 6.3％增长至 7.9％,远低于全国平均水平(10.47％)。

三、产业布局

产业是一座城市的灵魂,产业布局演变决定了城市未来的空间发展走向。在城市向都市圈拓展演化的过程中,由于区位成本和价值不断重组,人口、创新等要素资源动态调整,产业空间布局也不断重构,形成基于价值创造力的最佳区位。总体上看,都市圈产业布局主要呈现以下特点。

(一) 都市圈产业呈"三二一"逆序化分布和价值链梯度递减特征

基于三次产业在要素需求、价值创造和利润获得上的差异,产业在都市圈总体呈现"三二一"逆序化分布特征。以北京都市圈为例,核心圈的三次产业结构为 0.02∶9.8∶90.2,服务业占主导地位;城市圈的三次产业结构为 2.7∶46.7∶50.6,服务业和制造业发展并重;辐射圈的三次产业结构为 9.2∶47∶43.8,制造业占主导地位。从图 4-22 可以看出,北京从核心圈到辐射圈,第三产业比重不断下降,第一、第二产业比重不断上升。

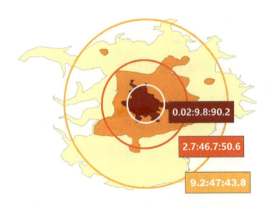

图 4-22　北京都市圈产业结构圈层分布

数据来源:各区县统计局,华夏幸福产业研究院。

具体到行业内部,由于区位的要素集聚和价值创造能力存在差异,产业布局呈现沿都市圈"中心—外围",价值链环节由高到低梯度递减的特点。依赖于高精尖人才与即时通信实现面对面沟通的金融、商贸、总部经济等高附加值产业,将重点分布在核心圈。制造业依照对核心圈的依赖度与对土地空间的需求度,从内而外按产业附加值由高到低梯度布局,如都市圈 30 千米圈层附近布局研发型轻型制造、市场营销、孵化中试等小规模高价值生产、服务环节;50 千米圈层范围内布局关键部件生产、物流配送与仓储等生产环节;80 千米圈层布局大规模的加工制造及组装集成环节等。不同都市圈的核心城市规模大小不同,圈层半径会存在一定差异。

上海的汽车产业链布局很好地证明了这个规律。例如,上海汽车工业集团总部位于核心圈的静安区威海路,汽车的销售、投资、金融和国际贸易均布局在核心圈;汽车的技术研发、整车生产、关键零部件制造等环节位于 30 千米圈层的嘉定及周边区域,而其他下游零部件企业已大规模向外围布局。总体上,上海的汽车产业由于成本制约,已经开始向长三角扩展布局。

在产业价值链的总原则下,具体产业布局及集群形成的影响因素纷繁复杂,主要包括要素趋向、交通导向、龙头带动、政策驱动、集聚扩张及环境导向等多种类型。如中关村紧邻清华、北大、中科院等高等院校,是典型的人才和科创要素驱动的产业聚集区;建材、物流运输等产业具有明显的交通导向,临港临空等特殊功能经济区高度依托于港口、机场等交通设施场所。沪—杭科创走廊、沪—宁走廊则依托长三角原有的产业基础和优势,以高速公路、铁路等为连接轴,在集聚效应作用下,进一步强化扩张,形成特定产业的发展轴带。又如,北京的 CBD-定福庄国际传媒走廊在集聚扩张和廊道延伸的作用下,进一步向大厂、香河等延展,形成"石景山—朝阳—通州—大香"的文化创意产业走廊。

(二)核心都市圈产业外溢转移和内部空间重构并行推进

都市圈是一个不断经历新陈代谢过程的生命体,产业演进与空间布局是并行不悖的两大主题。都市圈产业的外溢转移和内部空间重构,是其快速发展和结构升级的必然结果。**当前,成熟的都市圈产业开始呈现跨行政区转移态势,而成长型都市圈产业则从核心圈向外圈层转移。**

以北京、上海两个成熟都市圈为例,产业已经跨行政区向辐射圈转移。如图 4-23 所示,2010—2016 年,北京市 GDP 占都市圈 GDP 总量的比例由 80.65%下降到 78.96%,其中,第二产业比例由 66.31%下降到 61.03%;上海市 GDP 占都市圈 GDP 总量的比例由 46.04％下降到 44.91％，其中，第二产业比例由 38.95％下降到 33.35％。

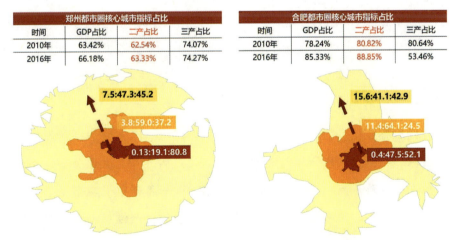

北京都市圈核心城市指标占比			
时间	GDP占比	二产占比	三产占比
2010年	80.65%	66.31%	89.60%
2016年	78.96%	61.03%	87.10%

上海都市圈核心城市指标占比			
时间	GDP占比	二产占比	三产占比
2010年	46.04%	38.95%	54.49%
2016年	44.91%	33.35%	53.46%

图 4-23　成熟型都市圈产业结构分布及演进规律

数据来源：各区县统计局，华夏幸福产业研究院。

成长型都市圈的产业仍然处于行政区内的外溢扩张和空间重构阶段。以郑州、合肥两个成长型都市圈为例（图 4-24），2010—2016 年，郑州、合肥在其都市圈中的经济占比仍然上升，但三大圈层中，核心圈以服务业为主导，制造业的占比逐步下降，产业向城市圈与辐射圈外溢转移。

郑州都市圈核心城市指标占比			
时间	GDP占比	二产占比	三产占比
2010年	63.42%	62.54%	74.07%
2016年	66.18%	63.33%	74.27%

合肥都市圈核心城市指标占比			
时间	GDP占比	二产占比	三产占比
2010年	78.24%	80.82%	80.64%
2016年	85.33%	88.85%	53.46%

图 4-24　成长型都市圈产业结构分布及演进规律

数据来源：各区县统计局，华夏幸福产业研究院。

（三）城镇网络体系的完善推动都市圈服务业向外扩张增长

都市服务业主要分为生产性服务业、消费性服务业和社会性服务业。社会性服务业有其较强的布局逻辑，主要依托于城市行政等级和服务网络。生产性服务业和消费性服务业规模巨大，是服务业的主体，对区域经济发展具有显著的带动作用，各服务业的布局特点详见表 4-1。

表 4-1　服务业分类及分布特征

	生产性服务业	消费性服务业	社会性服务业
中心与次中心集聚	金融保险、房地产、公司总部、法律、市场研究、信息咨询	大型零售企业、专业零售聚集区、高档商务酒店、高档娱乐、高档餐饮	高级行政管理中心、大型体育与文化设施
次中心或郊区中心集聚	上述部门的分支机构及分工环节	区级零售企业、日常用品批发业、住宿旅店业	区级行政管理中心
局部集聚	科技研发、科研机构、技术服务、计算机服务	传统批发业	
依托人口均衡布局		个人与居民服务、娱乐服务、餐饮	基层管理组织、医疗卫生、中小学教育、文化设施

都市圈城镇网络体系的逐步完善，将推动高层次生产性服务业向中心进一步集聚，一般性生产性服务业向其他次中心蔓延扩张；消费性服务业则随人口导向往外圈层迁移扩展。 从北京和上海等都市圈来看，新增服务业主要集中在核心圈，但外圈层服务业增速逐步提高。北京都市圈新增服务业企业分布如图 4-25 所示。

1. 生产性服务业

生产性服务业是与制造业直接相关的配套服务产业，主要包括研发设计与其他技术服务，货物运输、仓储和邮政快递服务，信息服务和金融服务等。**由于生产性服务业高度依赖于高精尖人才、及时性信息等，一般分布于城市中心区域。随着服务业产业分工的精细化和模块化，中低附加值的生产性服务业环节开始向周边次中心扩展布局。**

例如，北京都市圈依托其核心区强大的信息产业及总部经济发展优势，在近郊的酒仙桥、昌平、亦庄、顺义天竺等形成 IDC 产业集群。近年来，伴随着北京市

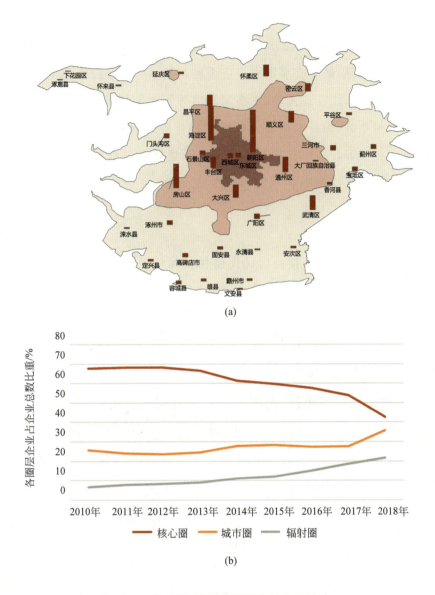

(a)

(b)

图 4-25　北京都市圈新增服务业企业分布

数据来源：淘数科技企业大数据平台，华夏幸福产业研究院。

非首都功能产业的疏解，数据中心新增及扩建项目加速向环京转移布局，形成廊坊、张家口等 IDC 产业集群。

又如，上海都市圈的金融前台、商务交流、咨询服务等对专业知识、灵活信息需求强的高附加值环节，高度集聚在陆家嘴金融贸易区和外滩金融集聚带，而数据、研发、档案管理、客服、培训等金融中后台环节，则向地租相对较低的外围区域布局,与创新研发等功能相结合,形成张江科技园区金融信息产业服务基地、昆山市花桥国际商务城等集聚区。

目前,陆家嘴集聚 600 多家中外资金融机构、70 多家跨国公司地区总部、20 多家外资银行。张江已经入驻 20 多家国内外领先银行的银行卡中心,重点发展金融数据处理业务、银行卡中后台数据处理业务、金融知识服务业务、卡片及机具研发制作业务等。昆山花桥和苏州工业园建立金融服务外包示范区,引进了多家国内外领先关注金融领域的服务外包企业,重点发展呼叫中心、账单处理中心等。

2. 消费性服务业

消费性服务业是指直接向居民提供物质和精神生活消费产品及服务,其产品、服务用于解决消费者生活中(非生产中)各种需求的服务行业。**城际交通网络的逐步完善、都市圈区域一体化功能的发展及各中心城市协作体系的逐步建立,有效促进了人口的自由流动,直接影响消费性服务业的空间布局,推动都市圈外围区域消费型服务业加速发展。**

(四)制造业调整重构,向城市圈和辐射圈转移生长

都市圈产业加快转型调整和空间重构,推动制造业整体向城市圈和辐射圈转移生长,从北、上、广、深等大型都市圈来看,近年来新增的制造业中 90% 集中在外圈层。2018 年北京迁出市内企业共计 780 家,其中 170 家迁往河北,占全部迁出企业的 21.8%。

北京都市圈新增制造企业分布如图 4-26 所示。

综合功能和规模特征,都市圈制造业分为 4 种主要类型,整体呈现**都市型工业环城发展、研发型轻制造微离心化、先进极端制造远郊化、大型规模制造业外溢迁移的趋势。**

1. 都市型工业环城发展

都市型工业是指以大都市特有的信息流、物流、人才流、资金流和技术流等社会资源为依托,以产品设计、技术开发、加工制造、营销管理和技术服务为主体的新型工业。由于需要及时响应城市消费需求,都市型工业对消费半径、交通条件等有较高要求,一般布局在城市周边,环城发展。

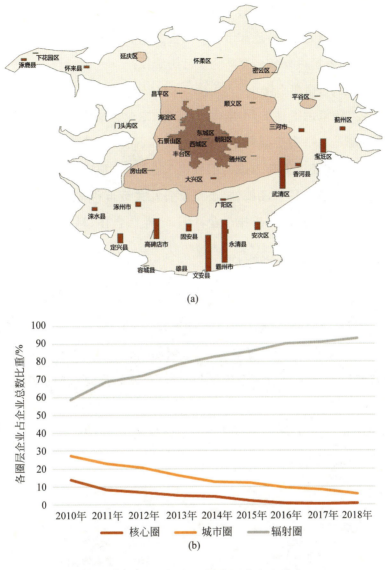

图 4-26 北京都市圈新增制造企业分布

数据来源：淘数科技企业大数据平台，华夏幸福产业研究院。

例如，食品制造和印刷出版工业是东京各区部就业人数排名第一的制造业。距离东京塔仅 8 千米的目黑区，从业人员排名前三的制造业分别是食品制造业、纺织品制造业和印刷业。而在东京都市圈 30 千米圈层的町田市、小平市、东大和市等区域，排名第一的制造业均为食品制造业。我国北京、上海都市圈也仍然保留着较大比例的食品制造业，其中，中心区重点布局食品制造总部、开发和销售类企业,郊区重点布局肉类、乳制品等加工处理环节。在京南80千米的霸州,华夏幸福与霸州市政府合作,围绕北京外溢的休闲与烘焙食品企业和服务北京大型连锁餐饮企业的"中央厨房",打造都市食品产业集群,达利食品、稻香村、颐海食品、益海嘉里等30多家国内外知名食品企业已纷纷投产。

2. 研发型轻制造微离心化

在工业4.0浪潮的推动下,小型化、智能化、专业化成为制造业发展的重要趋势。研发型轻制造具备占地面积小、技术含量高、高度依赖前端研发和后端市场等特征,主要分布在经过更新改造的旧城市工业区,呈现微离心化特征。研发型轻制造重点产业类型包括智能硬件、小型设备及关键部件制造,以及生物医药和智能材料的研发中试环节等,依托产业社区、产业综合体、科技孵化园、创新创业园等载体分布。

3. 先进极端制造远郊化

由于先进极端制造产业是大城市保持持久创新力的重要保障,城市会将部分先进产业功能保留在远郊区域。如图4-27所示,北京市在顺义、大兴、房山、平谷等远郊区域布局汽车制造、医药制造、计算机通信设备、专用设备等高端制造产业,同时推动相关新建产能和大型传统制造企业外迁,如北汽制造从北京顺义区搬迁到河北黄骅。上海都市圈的上汽除上海工厂外,先后在仪征、南京、宁波建立生产基地,集团整车企业全年产值中,上海市内外区域占比从2012年的近7∶3格局变为2017年的6∶4格局。

图 4-27 京津雄地区制造业分布带

4. 大型规模制造业外溢迁移

在城市向都市圈发展的过程中,传统大型规模制造业由于生产成本不断上升而逐步向外转移。以东京都市圈为例,制造业已完成从东京都心向琦玉、神奈川、千叶内三县的转移,开始向群马、栃木、茨城、山梨外四县转移。北京都市圈京津雄地区的先进制造业将向雄霸津走廊集中,如图 4-27 所示。

(五)都市圈外圈层通过"路径创造"形成创新的"空间跃迁"

由于路径依赖的存在,一个地区经济发展一旦被锁定在某一特定产业结构,该地区将会逐渐缺乏创新能力。都市圈外圈层处于后发阶段,创新要素不足,容易被锁定在产业低端环节,只能被动接受核心圈—城市圈—辐射圈的梯度转移。但从我国部分都市圈的发展实践看,大都市城市圈因为前期承接中心区中低端产业转移形成路径依赖,土地空间缺乏,产业形象较差。**而都市圈外围节点城市反而利用后发优势,有意识地提升区域定位、改善城市形象、加强产业生态营造、推动高端人才导入、加强政策支持配套、引进产业大项目,实现旧路径的解锁和新路径的创造,从而打破单向梯度外溢的空间限制,向组团化、网络化转变,形成创新的"空间跃迁"。**以北京都市圈为例,在外围形成了固安新型显示、生物医药产业,大厂的影视产业,香河的机器人,霸州的食品,怀来的大数据等特色鲜明的创新产业集群,如图 4-28 所示。

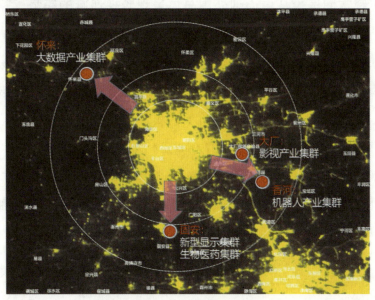

图 4-28 北京都市圈创新产业跃迁

四、房地产

随着中国城镇化发展进入新的阶段,未来房地产的发展也将面临新的机遇和挑战,趋势明确的历史机遇不再出现,但是结构性的机会依然存在。通过把握都市圈房地产发展内在规律、研判都市圈未来房地产发展格局,我们认为未来房地产发展的结构性机会在于都市圈房地产。基于对国内外典型都市圈房地产发展历程的梳理,结合传统数据与多源大数据,本章对于都市圈房地产发展规律进行了初步思考。

(一)跨行政区的住房供给体系是解决都市圈住房需求的重要手段

解决都市圈住房问题均需依赖跨行政区的住房供给体系。由于都市圈核心圈供给能力有限,高昂的住房供给价格超出大量都市圈人群的消费能力,大量都市圈住房需求不得不由辐射圈供给满足。以纽约都市圈为例,大量在曼哈顿岛工作的城市白领,甚至精英人群,均居住于哈德逊河对面的新泽西或者曼哈顿周边其他地区。以北京为例,如图 4-29 所示,无论是家在固安、工作在北京,还是家在北京、工作在固安,跨行政区域的住房模式已经成为重要的都市圈现象。

(二)都市圈房价从中心到外围总体呈现阶梯递减的趋势

从都市圈的中心到外围,优质公共服务资源逐渐减少,人口吸引力逐渐降低,而住房供给能力逐渐增加,从供不应求到供大于求,都市圈房价从中心到外围总体呈现阶梯递减的趋势。以成都都市圈 2018 年 7 月房价为例(见表 4-2),锦江区、双流区、彭山区分别位于都市圈的核心圈、城市圈和辐射圈,三者房价呈现显著的阶梯递减规律,分别为 27 002 元/平方米、15 229 元/平方米与 7 447 元/平方米。同时,由于我国二元土地制度、城市地理形态差异以及发展主轴向等因素,外圈层房价的递减往往不是连续的。比如,处于城市发展主轴向、靠外圈层地区的房价可能高于非主轴向、相对靠内圈层地区的房价。

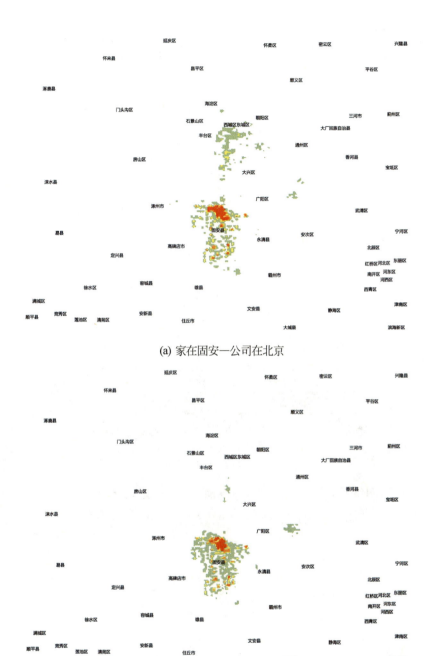

(a) 家在固安—公司在北京

(b) 家在北京—公司在固安

图 4-29　跨行政区及极端通勤者居住分布热力图

数据来源：联通智慧足迹，华夏幸福产业研究院。

表 4-2　环成都都市圈房价分布（2018 年 7 月）

城市	区县	二手房均价（元/平方米）	城市	区县	二手房均价（元/平方米）
成都市	锦江区	27 002	成都市	邛崃市	8 209
成都市	青羊区	23 146	成都市	金堂县	7 762
成都市	武侯区	21 659	成都市	大邑县	7 613
成都市	成华区	18 095	眉山市	彭山区	7 447
成都市	金牛区	17 182	眉山市	东坡区	7 295
成都市	双流区	15 229	德阳市	旌阳区	7 061
成都市	蒲江县	13 544	资阳市	雁江区	6 988
成都市	龙泉驿区	13 541	成都市	彭州市	6 974
成都市	温江区	12 674	德阳市	广汉市	5 840
成都市	新都区	11 695	德阳市	中江县	5 462
成都市	郫都区	11 628	德阳市	什邡市	5 263
成都市	新津县	11 437	绵阳市	三台县	5 153
成都市	简阳市	10 837	遂宁市	大英县	5 080
成都市	都江堰市	10 305	眉山市	青神县	4 852
成都市	崇州市	9 236	德阳市	罗江县	4 670
成都市	青白江区	8 313	德阳市	绵竹市	4 472
眉山市	仁寿县	8 227			

数据来源：中国房价行情网，华夏幸福产业研究院。

（三）随着都市圈发展，核心圈逐渐转为存量市场，增量集中在外圈层

随着都市圈发展，核心圈增量房逐渐减少，由增量市场转为存量市场，以存量房更新为主，城市圈和辐射圈的增量将依次增加。美国纽约等大都市商品房成交罕见新房，近 5 年来我国深圳市年均新房成交量仅为 4.4 万套。从热点城市 2018 年上半年土地供应计划完成情况来看，北京、广州、合肥的完成度分别为 16%、24%、9%，完成度大于 50% 的城市寥寥无几。同时，都市圈又面临迁入人口和内部人口的大量住房需求，因此未来都市圈地产增量主要集中在外圈层。以东京、北京都市圈为例，如图 4-30 所示，在人口分布结构变动的驱动下，未来地产格局将呈现核心圈以存量为主、增量集中在外圈层的态势。

（四）以商业和办公为代表的功能性地产规模与都市圈能级相关

功能性地产是都市圈地产的重要组成部分，包括商业、办公、养老、旅游等地产领域。以商业中心为例，由于人口不断流入都市圈，交通不断完善，通勤愈加便

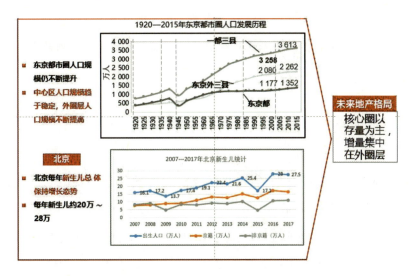

图 4-30 从人口变迁看东京、北京都市圈未来地产格局

数据来源：华夏幸福产业研究院。

利，在符合条件的都市圈区域中，商业中心会迅速发展。办公中心的需求由金融、IT 等现代服务业决定，如图 4-31 所示，北、上、广、深的甲级写字楼数目要明显多于其他二线城市。总体而言，商业和办公为代表的功能性地产规模与都市圈能级紧密相关。

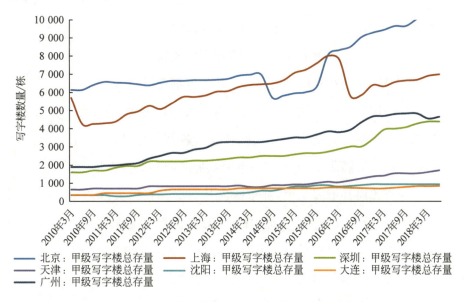

图 4-31 2010—2018 年各大一二线城市写字楼数量变化图

数据来源：Wind，华夏幸福产业研究院。

未来都市圈房地产将呈现跨行政区发展、价格梯度变化、内存外增、功能性地产与能级密切关联等规律。四大规律将互相交叠、共同作用、影响共振,与都市圈当地具体情况结合,共同决定未来都市圈房地产面貌。

五、公共服务与交通

基础设施是城市经济发展、居民生活等活动的硬件条件,基本公共服务是以此为载体的软件环境,二者适应并服务于城市拓展演化的需要。在都市圈化发展过程中,公共资源配置在空间上呈现圈层化递减特征,在时序上滞后于人口流动,需要政府的统一规划推动其向均等化方向演进。总体上看,都市圈公共资源配置主要呈现以下特征。

(一)公共服务质量和密度是决定区域价值的核心因素

公共服务是都市圈协同发展不可忽视的组成部分,公共服务均等化是提高外圈层"反磁力"的有效途径。随着城镇化进入下半程,不同于以往的人随产走,对优质生活的追求对人口迁移的影响日益扩大。公共服务质量和密度已成为决定区域价值的核心因素,公共服务设施不再只是城市功能的配套,主动引入和集聚优质公共服务资源能有效地促进核心圈功能向外扩散,撬动人口导入、产业重构及以此为基础的区域整体价值提升。以优质医疗资源为例,三甲医院分布密集的地区,房价相对较高,这在全国尺度和都市圈尺度都有所印证。

由于内外圈层公共资源供给能力及其需求大小的差异,公共资源配置在都市圈总体呈现从中心到外围的圈层化递减特征。教育文化、医疗卫生、生活服务等优质公共资源向核心圈集聚,外圈层基本公共服务配套严重不足。

全国医疗资源向都市圈集聚,都市圈内外圈层存在巨大落差,外圈层医疗资源严重不足,且相较于普通医疗资源,优质医疗资源集中度更高。

如图 4-32 所示,全国 76% 的三甲医院集中于承载全国 34% 人口的都市圈范围内;而在都市圈内部,81% 的三甲医院、48% 的综合医院、32% 的诊所集中于核心圈。

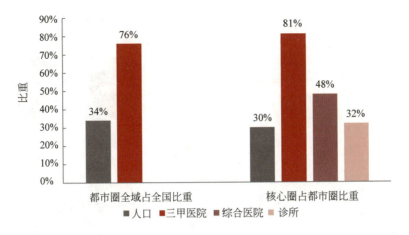

图 4-32 全国人口及医疗资源分布

数据来源：高德，华夏幸福产业研究院。

各都市圈均呈现优质医疗资源高度向核心圈集中的特征。如图 4-33 所示，除上海、广州、深圳都市圈外圈层布局三甲医院较多之外，其余都市圈外圈层三甲医院配置与核心圈相较，都极度匮乏。

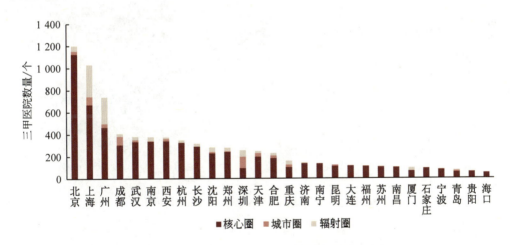

图 4-33 28 个都市圈三甲医院数量及圈层分布

数据来源：高德，华夏幸福产业研究院。

教育文化资源同样高度集中于核心圈，如图 4-34 所示，布局于核心圈的幼儿园、高等院校、图书馆占都市圈内资源总数的比例分别为 36%、64%、49%。以北京都市圈为例，40% 的小学、47% 的中学分布在核心圈，外圈层教育文化设施严重不足，具体如图 4-35 和图 4-36 所示。

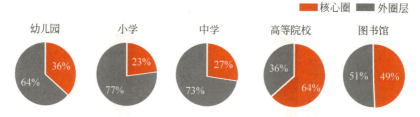

图 4-34 28 个都市圈内外圈层教育文化资源分布

数据来源：高德，华夏幸福产业研究院。

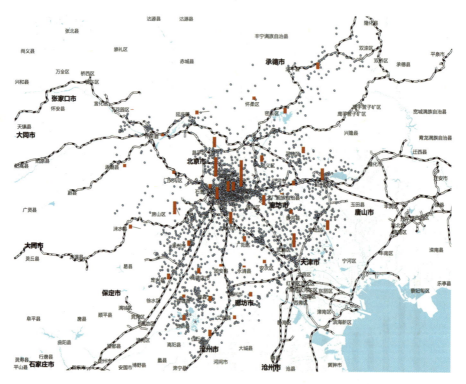

图 4-35 北京都市圈小学位置分布及数量

数据来源：高德，华夏幸福产业研究院。

生活服务资源分布呈现类似特征。如图 4-37 所示，生活服务设施、体育休闲服务场所、五星级宾馆、咖啡厅、自动提款机核心圈内数量占比均超过 40%。以生活服务设施为例（图 4-38），全国都市圈的核心圈地均密度超过 20 个/平方千米，外圈层则低于 10 个/平方千米，核心圈人均密度也远高于外圈层。

除了空间分布上的不均衡，公共服务资源外溢还表现出时序上的滞后。由于公共品之间的竞争性和随之而来的歧视性供给，公共服务资源从中心向外围的溢

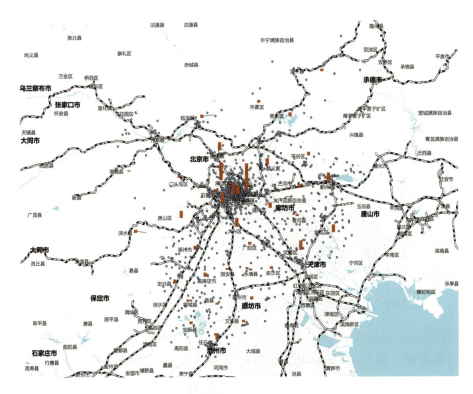

图 4-36　北京都市圈中学位置分布及数量

数据来源：高德，华夏幸福产业研究院。

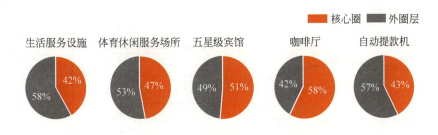

图 4-37　生活服务资源分布

数据来源：高德，华夏幸福产业研究院。

出通常滞后于人口溢出。地区间公共品供给的总量和结构存在很大差距，户籍制度所搭载的各种公共福利使得地方政府有更方便的手段展开公共服务的区别性供给。地方官员晋升和考核机制中对经济增长指标的偏向，会强化地方政府推动经济发展的积极性，减少对非经济性公共物品的供给，忽视文化、教育、卫生等公共服务性支出，进而降低基础教育、公用设施等供给和质量。

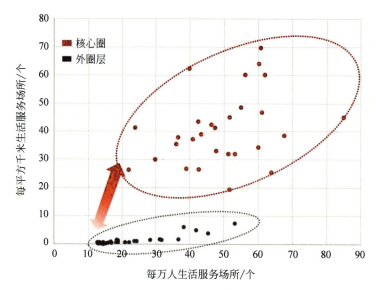

图 4-38　28 个都市圈内外圈层生活服务资源地均和人均密度分布

数据来源：高德，华夏幸福产业研究院。

以北京都市圈外圈层的固安县为例，如图 4-39 所示，2003—2016 年，固安人口从 39.5 万人增长至 51.1 万人，年均复合增速达 2%，同期医疗技术人员数量和病床床位年均增速分别为 1.62% 和 0.56%，均低于人口增速，人均医疗设施和服务水平有所下降。可见，公共资源外溢滞后于人口外溢，外圈层尚不能提供核心圈同等水平的公共服务资源。

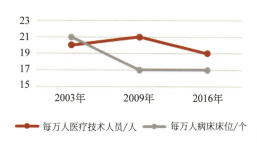

指标	2003年	2009年	2016年
人口/万人	39.5	42.5	51.1
医疗技术人员/人	805	900	992
病床床位/个	819	737	881

图 4-39　固安县人口及医疗设施和服务

数据来源：固安县统计局。

都市圈内人口分布和结构的变动将带来公共资源配置的变动。作为未来新增人口的主要承载地，外圈层承接核心圈向外溢出的公共资源，供给水平不断提高。优质公共服务资源的集聚是打造特色磁极、强化外圈层节点反磁力的有效途径。

（二）交通一体化是都市圈协调发展的重要推动力

基础设施是城市经济发展、居民生活等活动的硬件条件，交通网络构成了都市圈的框架和外观形态，给外圈层发展带来积极影响。根据相关研究，发展中国家每增加 100 万人口，每天平均产生 35 万～40 万次额外交通出行。为了满足地区经济增长和城市发展所产生的运输需求，建立完善都市圈综合交通体系势在必行。

交通条件的改善能有效扩大居民出行范围，推动社会结构和城镇体系的优化。交通发展使得城市职能便捷地向外圈层延伸，促进人口流动，实现农村劳动力向城市的转移，优化收入结构；原本的中心城市、郊区等空间形态不断拓展，城市、乡村的空间界线逐渐淡化，空间结构扁平化发展，形成更大范围内紧密联系的都市圈和连绵带。

以日本鹿儿岛为例，新干线的开通大幅缩短了与大阪的通行时间，有效扩大了居民的出行范围，同时，大量人口流入通过直接消费、产业发展等路径拉动当地经济增长，具体如图 4-40 所示。

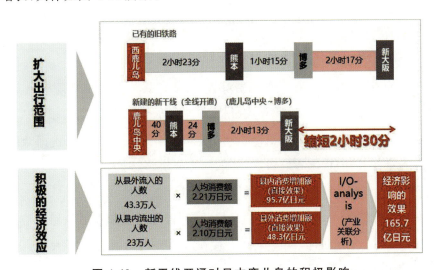

图 4-40　新干线开通对日本鹿儿岛的积极影响

数据来源：华夏幸福产业研究院杭州分院。

高效一体化交通体系的打造能有效带动经济转型提升。随着高铁、航空等交通运输方式的出现，原本布局于公路沿线的产业逐渐向更高水平的经济业态转换，推动产业升级。同时，区域内企业趋向于专业化分工协作，更好地开发和利用生产要素，促进都市圈层面的产业合理分工，形成产业发展密集带，带动产业升级。

以上海虹桥商务区为例，随着依托于交通枢纽的商务功能不断完善，总部经济、商贸会展、金融服务等产业相继导入，人口持续流入，带动区域整体的高速发展，具体如图 4-41 所示。

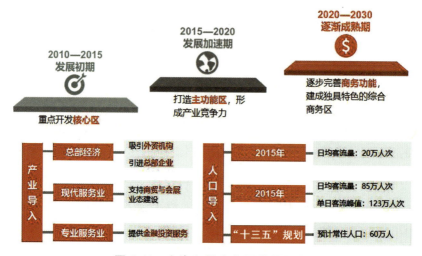

图 4-41　上海虹桥商务区发展历程

数据来源：华夏幸福产业研究院杭州分院。

（三）都市圈一体化发展是稳增长补短板的重要抓手

作为未来人口、产业等要素的主要承载地，都市圈外圈层投资效率更高、边际收益更大，能推动区域全面发展、提高外圈层居民收入、释放消费需求。以机场建设为例，运量向都市圈内千万人次级机场集聚，都市圈内 32 个机场占据全国 81％的旅客吞吐量、93％的货邮吞吐量、67％的起降架次，分别达 9.30 亿人次、1 509 万吨、684 万架次。2017 年全国 229 个机场吞吐量分布如图 4-42 所示。

公共资源配置与人口空间分布紧密相关，其合理配置和有效供给适应于人口空间分布的要求。都市圈内外圈层目前存在且预计将持续存在巨大的人口密度落差，直接服务于城市发展和居民生活的公共资源向高人口密度的核心圈集聚，外圈层享受的公共资源密度和质量远低于核心圈。以北京都市圈为例，核心圈每平方千米常住人口超过 10 000 人，外圈层不足 600 人，固定资产投资大量投向高人口密度地区，核心圈每平方千米投资额近 4 亿元，外圈层则不足 0.3 亿元，内外圈层人均可支配收入也存在巨大落差，具体如图 4-43 所示。2017 年部分都市圈各圈层人口密度、固定资产投资地均密度如图 4-44 和图 4-45 所示。

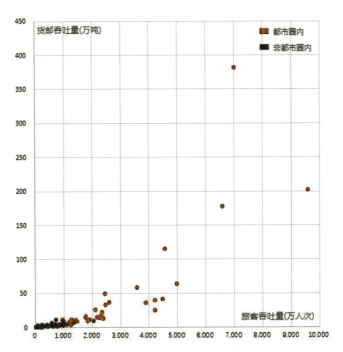

图 4-42　2017 年全国 229 个机场吞吐量分布

数据来源：华夏幸福产业研究院整理。

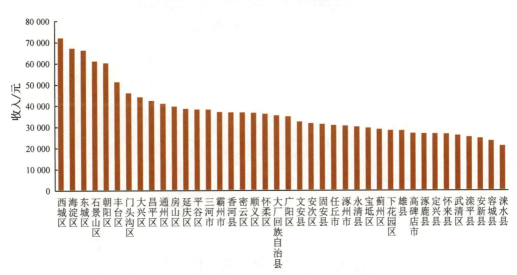

图 4-43　北京都市圈各区县人均可支配收入

数据来源：各区县统计局。

　　提供高水平、均等化的公共服务和高效一体化的交通体系是大都市圈持续、健康、高质量发展的内在要求。据测算，我国近 25％固定资产投资集聚在都市圈，年新增额超 15 万亿元，其中超过 60％集中在外圈层。城镇体系优化、交通体系建设、新增人口承载、产业布局重构、公共服务完善已成为我国目前城镇化发展的突出短板,都市圈一体化是稳增长、补短板的重要抓手,至 2035 年,我国以都市圈为核心的新型城镇化预计累计拉动消费 120 万亿元。

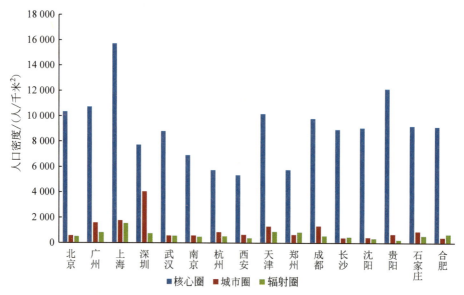

图 4-44　2017 年部分都市圈各圈层人口密度

数据来源:各城市统计局。

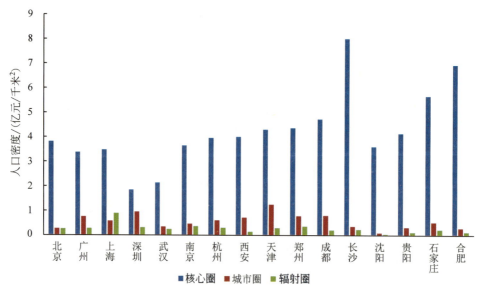

图 4-45　2017 年部分都市圈各圈层固定资产投资地均密度

数据来源:各城市统计局。

都市圈内外圈层人均固定资产投资及外圈层占比如图 4-46 所示。

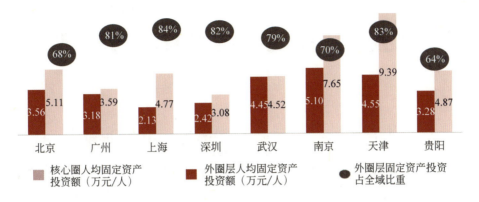

图 4-46 都市圈内外圈层人均固定资产投资及外圈层占比

数据来源：各城市统计局。

政府统一规划和跨行政区协调机制亟待建立。由于基础设施和基本公共服务的公共物品性和整体系统性，完善的公共资源配置格局不可能自发形成，其供给主体只能是具有社会服务和市场监管功能的政府部门。都市圈统一规划的关键作用在于能够跨越行政区划分割，依据都市圈整体发展水平、范围和特质，对空间组织、基础设施、城市环境、产业布局及公共服务等区域性问题进行统筹考虑，更大限度发挥区域发展规模效益和集聚优势。

第五章　中国都市圈政策与展望

基于目前都市圈发展中的主要问题，本章提出空间规划一体化、基建设施一体化、公共服务一体化、产业发展一体化等培养发展现代化都市圈的重点方向，并对都市圈未来发展趋势进行展望。

一、都市圈治理政策

都市圈是顺应我国城镇化发展趋势的必然选择。我国的《国家新型城镇化规划(2014—2020 年)》提出,要"培育形成通勤高效、一体发展的都市圈"。在《关于实施 2018 年推进新型城镇化建设重点任务的通知》《国务院关于深入推进新型城镇化的若干意见》中,也把稳步开展都市圈建设作为 2018 年新型城镇化建设的重要任务,并且建立了新型城镇化部际联席会议机制。在区域层面,全国许多区域都在相继推出都市圈相关规划,探讨区域协作新机制,如长三角地区提出建设上海、杭州、南京都市圈,上海要主动融入长三角区域协同发展、构建上海大都市圈,安徽提出打造合肥都市圈,山东提出打造济南、青岛两个都市圈。同时应当意识到,都市圈在我国的城镇化过程中仍然是一个相对较新的理念,城镇化过程中出现的许多新问题,需要从都市圈的视角进行审视,并且提出培育发展现代都市圈的一系列政策体系。

(一)都市圈发展中的主要问题

1. 孤立的城市规划难以适应都市圈一体化发展需求

随着城市的不断扩大,城市与周边地区之间的联系日益紧密,城市边界及外围地区的发展状况对城市的影响也不断扩大,从而形成了相互联系又相互影响的城市有机体。然而,根据中国现行的城市规划机制,由地方政府主导的城市规划通常以行政单元为范围,以城市市辖区为中心制定。这一规划机制下,地方政府对城市外围边界地区的发展重视不足,倾向于将公共资源集中于中心城区内。如北京最新一轮的城市总体规划中,市域轨道交通集中于中心城区,北京与周边腹地的 TOD 交通规划在城市总体规划中很难体现,环中心城区双绿化带的生态环境规划结构也限制了城市中心与外围的联系,形成了阻碍都市圈内经济和生产要素自由流动的制度性瓶颈。因此,为适应都市圈经济一体化的发展需求,我国现有的以行政区划为界的城市区划体制亟须变革。

2. 都市圈城镇体系不合理,节点性城市建设滞后

受限于政府运行体制和规划编制机制,中国城镇化过程中将大量资源集中于中心城市,中小城镇发展存在先天不足,导致都市圈内中心城市与周边中小城市发展落差过大,无法形成规模适度、结构合理的城镇体系,节点性城市建设严重滞后。特别是交通资源过度集中于中心城市,外围节点性城市交通建设极为落后,导致节点性城市的培育和发展极为困难。目前东京都市圈仅人口超过 50 万人的卫星城就有 8 个,而北京都市圈内仅有 1 个。与之对应,东京都市圈城郊铁路里程近 4 500 千米,承载客运量占公共交通出行总量的 65.5%,而北京都市圈内,北京市郊铁路目前已通车线路仅 6 条,运营里程约 290 千米,对比人口分布与轨交布局,外围仅延庆、门头沟等少量节点性城市(镇、区、县)与中心区以轨道交通相连,辐射范围内的固安、涿州、大厂、香河、广阳等地大多只能依靠公路出行,耗时更长。在北京都市圈内,交通资源的配置和交通建设滞后成为制约节点性城市培育的关键要素。

3. 都市圈内外圈层间人口密度落差大,外围城镇化率低

根据都市圈发展的一般规律,都市圈的人口分布存在由核心圈向周边腹地梯次递减的特征。但我国都市圈普遍存在人口在核心圈过于集中、外圈层人口数量和城镇化水平过低的特征。以北京为例,30~50 千米圈层内每平方千米人口数仅 400 人左右,分别为东京都市圈、纽约都市圈相应圈层的 14.3% 和 46.0%。人口在核心圈的过度集中进一步加重了城市交通拥堵、环境污染等问题。同时,外圈层偏低的人口密度表明外圈层的土地尚未得到充分利用、产业发展水平较低,都市圈内的人口和产业空间结构亟待优化。

4. 公共资源在都市圈核心圈高度集聚,在外圈层快速递减

城市规划与城镇体系的趋中心化,导致公共资源的空间配置严重向都市圈核心圈倾斜,外圈层的公共资源匮乏。如北京市 63 家三甲医院集中在五环内,且主要分布于海淀区、西城区、东城区,北部沙河、天竺,东部管庄,南部良乡、亦庄地区配套的优质医疗资源较少。中小学学校分布也呈现由中心向四周逐渐减少的趋势。从北京市 183 所重点小学分布情况来看，西城区和东城区最为密集，海淀区西北部、朝阳区东部、丰台区西南和石景山区分布很少。公共资源的空间配置趋中心化，进一步加剧了人口向都市圈核心圈层集中的趋势。

5. 都市圈外围地区产业层次低，亟待转型升级

都市圈内的产业空间分布存在从中心向外围"三二一"产业逆序分布的规律，但中国都市圈外围地区的产业承接能力不足，严重制约着都市圈内的产业空间重组和产业结构升级进程。以北京都市圈为例，京、津产业综合水平较高，而河北产业构成中高耗能行业占比高。如河北一产、二产占比分别高达 9.8%、48.4%，均高于全国平均水平；工业结构不合理，六大高耗能产业占比高达 54%，高出全国平均水平 26 个百分点。在京津冀协同发展过程中，由于河北地区的产业基础薄弱、产业层次过低、产业结构单一，无法承接京津两地的部分高端产业资源，导致产业资源并未就近流向都市圈外圈层，反而呈现出流向长三角地区、珠三角地区的跨地域、远距离流动趋势。因此，需要进一步提升北京都市圈外圈层的基础设施水平，逐步实现外圈层产业结构的转型升级和优化调整。同时，在国家战略引导下，加快推动新制造、新服务向都市圈外圈层生长，最终形成都市圈内梯度合理的逆序产业空间结构。

（二）完善配套政策体系，培育发展现代化都市圈

都市圈是在经济一体化需求驱动下演变而成的城市化空间形态。培育发展现代化都市圈，需要以经济一体化需求为基础，推动实现整个都市圈内的空间规划、基建设施、公共服务和产业发展的四个一体化。实现都市圈四个一体化，必须促进都市圈内各城市政府间的协作治理。如何通过地方政府间的协作治理实现跨行政区的资源高效整合和资源优化配置，是培育发展现代都市圈的核心和关键。

当前我国地方政府的运行体制仍然以行政区划为界，都市圈内经济活动的一体化趋势和刚性的行政界限之间存在典型的冲突和矛盾。都市圈内的城市政府无法就跨行政区的经济活动和资源配置建立有效的利益共享和成本分担的协调机制。因此,都市圈协作治理重点包括建立健全行政区域间的产业利益分配与补偿机制、完善多元化的横向生态补偿机制、完善基本公共服务均等化的财政补偿机制等。

1. 空间规划一体化

都市圈空间规划一体化是实现区域协调发展的重要前提。空间规划一体化能够有效实现都市圈内核心圈的功能疏解和外圈层的功能优化。在中共中央国务院《关于建立更加有效的区域协调发展新机制的意见》中就明确指出:要以疏解北京非首都功能为"牛鼻子"推动京津冀协同发展,调整区域经济结构和空间结构,推动河北雄安新区和北京城市副中心建设。落实空间规划一体化,需要把跨行政区域的微中心与新城纳入都市圈整体规划,例如,沿主要交通廊道在外圈层规划布局和建设节点型城市(镇),构建新型网络化城镇体系。通过空间规划一体化,完善城市功能配套,促进产业城市融合发展。空间规划一体化具体措施包括:完善区域性规划编制和政府部门间的衔接落实程序,实行区域规划编制的多方参与和专家论证制度,同时加强区域性规划的中期评估和规划效果评估,形成科学合理、管理规范、指导有力的区域性规划体系。此外,区域性规划编制需要具有一定的调整空间,可根据国家重大战略和重大布局需要,进行适时更新和局部调整。

2. 基建设施一体化

都市圈核心圈与周边腹地的发展差距过大,很大程度上源于中心—外围区域间的经济联系和资源流动不足。都市圈内的经济联系和资源流动需要以一定的基础设施建设水平为基础。为此,当前都市圈发展的首要任务是实现都市圈内基础设施建设一体化,通过各区域联动构建综合、系统和衔接流畅的都市圈立体交通体系。具体措施包括:构建以城际铁路、市郊铁路和市域轨道为主体覆盖都市圈的综合交通网络,同时,以"站城一体"为重点推进 TOD 导向开发模式;推动基础设施交通互联互通,以消除断头路为突破口,完善区域高速公路网;通过制定都市圈跨区域公共服务建设的相关政策,加快推进公共交通跨区一体化;加快促进空铁联运、空港联运,解决好"最后一千米"的衔接问题。在基础设施一体化的建设部署上,要重点加快落实都市圈人口流动与公共服务衔接的基础设施保障,如优先落实解决职住平衡等跨区域通勤基建政策。

3. 公共服务一体化

公共服务与人口集聚存在着高度相关性,高质量的公共服务水平能够极大地提升区域的人口集聚能力。要解决都市圈内人口的空间失衡问题,首先必须实现基本公共服务对整个都市圈常住人口的全覆盖,逐步实现人均公共服务均等化。具体措施包括:以改革户籍管理制度为指引,配合社会保障、住房保障、教育、医疗等政策的阶段性改革和完善,消除限制人口自由流动的制度性障碍;探索构建外来人口服务管理体系,保障外来人口基本权益,提升外来人口社会融入度;加强政府体制改革步伐,将都市圈内公共服务均等化作为政府职能部门的目标任务和考核要求,推动实现全方位的公共服务资源配置均等化,包括基本公共教育项目均等化、基本卫生服务项目均等化、基本文化体育项目均等化和基本生活服务项目均等化等。

4. 产业发展一体化

都市圈的外围腹地具有承接都市圈核心圈产业转移的先天优势。实现都市圈产业发展一体化,应当强化核心圈的产业辐射能力,提升外圈层的产业承接能力,促进各圈层的产业协作。具体措施包括:提升中心城市辐射能力,强化信息交流、创意创新等高端服务功能,推动非核心功能向周边疏解;保障外圈层产业及配套用地规模和比例,推动生产制造和生活服务功能适度混合;优化都市圈物流、服务、生活等配套,降低企业运营成本,强化与中心城市公共服务连通共享,提高中小城市对人才的吸引力。此外,要加强都市圈的金融基础设施、信息网络和服务平台一体化建设,推动实现金融服务在都市圈范围内的协同布局,银行分支机构可在都市圈内跨行政区开展业务,实现存取款等金融服务同城化,提高都市圈外围地区银行的信贷额度,鼓励联合设立都市圈产业和基建投资基金,引导金融资本更好地服务都市圈基建和产业经济发展。

二、都市圈发展趋势

基于都市圈演变的基本规律和中国都市圈目前所处的阶段,中国都市圈将在未来 10～20 年迎来持续快速发展。到 2035 年,都市圈将成为国家参与国际竞争的重要平台,城镇体系发育更加合理,立体交通体系更加完善,人口集聚趋势更加明显,公共服务体系更加健全,成为提振内需的重要引擎。

(一)都市圈参与国际竞争的实力更强

根据布鲁金斯学会 2018 年 6 月发布的《全球大都市监测报告》统计,全球 49.1%的 GDP 和 66.9%的经济增长发生在全球最大的 300 个都市圈,大都市集聚加速了经济的增长,都市圈在参与国际竞争中发挥越来越重要的作用。

2017 年全球主要国家(都市圈)GDP 排名如图 5-1 所示。

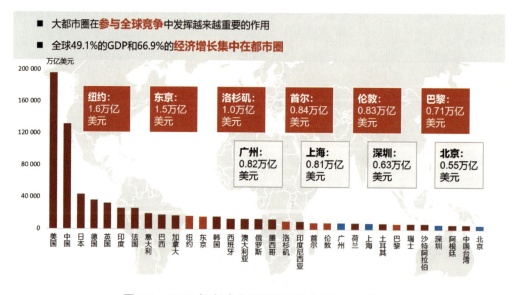

图 5-1　2017 年全球主要国家(都市圈)GDP 排名

注:图中东京、纽约、首尔、巴黎、伦敦、北京、上海、广州、深圳的 GDP 数据均对应都市圈范围
　　(国内为 1 小时等时圈,面积约为 2 万平方千米)。
　　数据来源:世界银行,华夏幸福产业研究院。

根据中国都市圈目前的发展基础和增长态势测算,到 2035 年,中国将有 4~5 个世界级都市圈、20 个左右具有国际影响力的都市圈,北、上、广、深跻身世界都市圈的第一梯队。全球主要城市 2016 年及 2035 年预测 GDP 如图 5-2 所示。

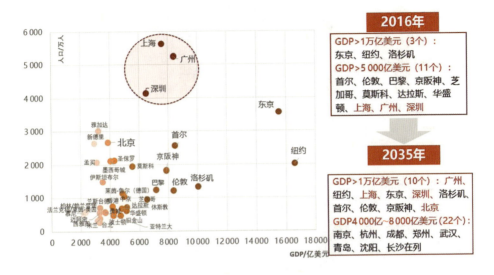

图 5-2 全球主要城市 2016 年及 2035 年预测 GDP

数据来源:世界银行,华夏幸福产业研究院。

(二)都市圈提振内需的作用更加突出

据统计分析,2017 年,全国 57% 的固定资产投资与城镇化建设密切相关,其中 44% 直接流向都市圈范围内。都市圈 2017 年新增超 15 万亿元固定资产投资,并且预计会在较长时间维持在这一水平。研究表明,我国城镇化率每提高 1 个百分点,就拉动消费增长近 2%。据此估算,至 2035 年,以都市圈为核心的新型城镇化预计累计拉动消费 120 万亿元,成为提振内需的重要抓手。城镇固定资产投资金额及增速如图 5-3 所示。

(三)都市圈城镇体系的发育更加合理

当前,相比国际其他都市圈,我国都市圈核心区一股独大,中小城镇及体系发展滞后。以东京和北京都市圈为例(图 5-4),2015 年,除核心区外,东京都市圈内已形成 3 个 100 万人以上的城市,北京都市圈为 0 个;50 万人以上的城市,东京都市圈内已形成 8 个,北京都市圈仅有 1 个;20 万~50 万人的城市,两者的差距则更

图 5-3　城镇固定资产投资金额及增速

注：TI(Total Investment)、GMI(General Metropolitan Investment)

分别表示固定资产总投资、泛都市圈固定资产投资。

数据来源：Wind，华夏幸福产业研究院。

为明显，东京都市圈内高达 20 个，北京仅有 6 个。由此看来，我国都市圈城镇体系亟待优化，微中心建设具有重大机遇。

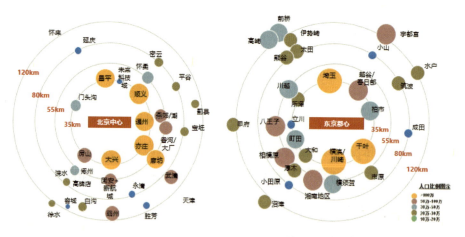

图 5-4　北京都市圈(左)、东京都市圈(右)城镇结构示意图

未来，随着交通网络的日益完善和核心圈的转型升级，网络化、多中心、组团式、集约型的城镇空间格局将逐渐形成，圈层不断外拓，不同层级的外围节点性城市不断增加。都市圈外围地区将成为核心区人口和产业转移的最大受益地，也是

为城市居民提供高品质服务的最佳成本洼地，TOD 导向的都市圈微中心建设将成为拉动内需和带动经济增长的重要力量。

（四）都市圈人口集聚的趋势更加明显

人口指标折射城市未来潜力。预计到 2035 年，中国城镇化率将提高至 70％。2017 年，都市圈的城镇人口净增量占全国净增量 73％，预计未来仍将维持该比重。各都市圈因其发展能级和阶段的不同，人口空间分布结构和迁移方向存在差异，京沪等特大城市人口向都市圈外圈层流动，中西部省会都市圈中核心圈的人口吸引力则不断增强。2010—2017 年我国都市圈人口净流入规模分布如图 5-5 所示。

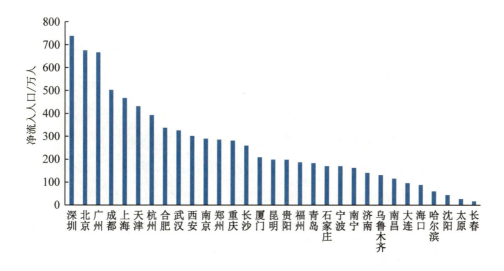

图 5-5　2010—2017 年我国都市圈人口净流入规模分布图

数据来源：各城市统计局。

中产阶级是中国未来增长的重要支撑。预计到 2035 年，全球中产阶级将达 15 亿人，中国中产阶级将达 6.3 亿人，超过美国（2.5 亿人）、欧洲（3 亿人）、日本（0.7 亿人）之和，其中 70％集中在各大都市圈，成为推动都市圈创新发展的关键力量。上海、广州、济南、合肥都市圈中产阶级占比分布如图 5-6 所示。

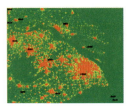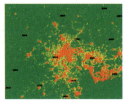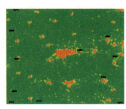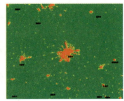

图 5-6　部分都市圈中产阶级占比分布(上海、广州、济南、合肥)

数据来源:高德,华夏幸福产业研究院。

(五)都市圈立体交通的体系更加完善

当前,我国主要城市内部的综合交通运输体系日益完善,但城郊交通联系薄弱,成为制约都市圈发展的突出短板。以北京和东京都市圈为例,北京地铁运营里程 554 千米,高于东京(304 千米),但北京的市郊铁路不足 300 千米,远低于东京(4 476 千米)、伦敦(3 071 千米)、纽约(1 632 千米)、巴黎(1 296 千米)。内部道路方面,北京总长度为 4.3 万千米,仅为东京 17.4 万千米的 1/4 左右,且主要集中于中心城区,外围区域的路网较为稀疏。

另外,我国都市圈的跨行政边界"断头路"现象突出,导致跨城通勤存在着距离不长、时间不短的严峻问题。北京都市圈极端通勤平均时间长达 72 分钟,有些甚至达到 3 小时,这些跨城通勤人群主要集中在廊坊北三县,占比 54%,职住分离所带来的跨城通勤问题十分严峻。

都市圈一体化发展必然对交通协同提出更高要求。以服务都市圈为目标的城市—郊区轨道交通体系建设,将为都市圈经济发展带来新的活力,也是未来城市交通发展的必然趋势。

(六)都市圈公共服务的体系更加健全

随着城镇化进入下半程,不同于以往的人随产走,追求优质生活对人口迁移的影响日益扩大。公共服务规模和质量已成为决定区域价值的核心因素。主动引入和集聚优质公共服务资源、促进核心圈功能向外扩散日渐成为撬动人口导入、产业重构及区域整体价值提升的有效途径。

随着发展理念的变革、机制体制的创新、政策资质的接轨,阻碍生产要素自由流动的行政壁垒和体制机制障碍将逐步消除。统筹基本公共服务、社会保障、社会治理逐步实现一体化,促进都市圈公共服务朝着均等普惠、整体提升的方向发展,建设公共服务共建共享的现代化都市圈是培育发展高质量都市圈的重要导向,也是我们希望看到的城镇化未来。

结　束　语

改革开放至今,中国的快速城镇化已经持续了 40 个年头,按国际规律,到 2035 年,中国的城镇化率将达到 70％～75％。

当前,中国城镇化正在迈入一个全新的阶段。随着产业的迭代升级,随着人口的迁移流动,随着新经济、新制造、新消费、新技术的崛起,一线城市、省会城市、区域性中心城市等核心城市拥有着得天独厚的资源优势,自然成为经济增长的龙头、要素集聚的核心。

在城市向大型化、中心化发展的过程中,发展的要素常常突破行政边界,正如花桥早已融入上海、燕郊的梦境离不开北京一样,一个个以核心城市为核、以廊道和节点为延展方式的圈层式发展版图是全球城镇化的必然规律,也是中国城镇化的必然规律。

都市圈化已成为中国城镇化空间格局的新特征。都市圈作为资本的聚集地、人才创新的高地、交通的枢纽、文化的中心,是未来中国经济增长的压舱石。

让我们迎接中国都市圈发展新时代的到来!

参 考 文 献

[1] 段瑞君.欧美发达国家城市化进程的经验及其对我国的启示[J].城市,2008(10).

[2] 郭熙保,黄国庆.试论都市圈概念及其界定标准[J].当代财经,2006(6).

[3] 姚士谋.中国城市群[M].合肥:中国科学技术大学出版社,1992.

[4] 肖枫,张俊江.城市群体经济运行模式——兼论建立"共同市场"问题[J].城市问题,1990(4).

[5] 张京祥,邹军,吴君焰,等.论都市圈地域空间的组织[J].城市规划,2001,25(5).

[6] 周一星. *Definition of urban place and statistical standards of urban population in China: problem and solution*, Asian Geography,1988.

[7] 顾朝林.中国城市地理[M].北京:商务印书馆,1999.

[8] 邹军,王兴海,张伟,等.日本首都圈规划构想及其启示[J].国际城市规划,2003,18(2).

[9] 李国平,等.首都圈——结构、分工与营建策略[M].北京:中国城市出版社,2004.

[10] Jean Gottman. *Megalopolis: the Urbanization of the Northeastern Seaboard of the United States*[M].Cambridge:The M. I. T Press,1961.

[11] 陈小卉.都市圈发展阶段及其规划重点探讨[J].城市规划,2003,27(6).

[12] 张从果,杨永春.都市圈概念辨析[J].城市规划,2007,31(4).

[13] 崔功豪.都市区规划——地域空间规划的新趋势[J].国外城市规划,2001(5).

[14] Coffey W. *The Evolution of Canada's Metropolitan Economics*. Montreal Institute for Research on Public Policy,1994.

[15] 冯云廷,等.城市土地经济原理[M].北京:清华大学出版社,2017.

[16] 于洪俊,宁越敏.城市地理概论[M].合肥:安徽科学技术出版社,1983.

[17] 同济大学.城市规划原理[M].北京:中国建筑工业出版社,1981.

[18] 李小建,李国平,等.经济地理学[M].北京:高等教育出版社,2006.

[19] Tomoya Mori. *Modeling of Megalopolis Formation: The Maturing of City Systems*. Journal of Urban Economics,1997(42).

[20] 许陈韩.城镇低效用地一级开发及其增值收益分配探讨[D].南京师范大学,2016.

[21] 周一星.关于明确我国城镇概念和城镇人口统计口径的建议[J].城市规划,1986(3).

[22] Qian Y Y,Roland. *Federalism and the Soft Budget Constraint*. American Economic Review,

1998(77).

[23] Besley T, Case A. *Incumber behavior: vote seeking, tax setting and Yardstick competition.* The American Economic Review, 1995, 83(1).

[24] 周黎安. 中国地方官员的晋升锦标赛模式研究[J]. 经济研究, 2007(1).

[25] 唐燕. 欧洲多中心都市区的网络特征——《多中心大都市: 来自欧洲巨型城市区域的经验》引介[J]. 国际城市规划, 2008, 23(2).

[26] 江泓. 交易成本、产权配置与城市空间形态演变[J]. 城市规划学刊, 2015(6).

[27] 傅沂. 路径依赖经济学分析框架的演变[J]. 经济学研究, 2008(3).

[28] 欧阳日辉, 徐光东. 新制度经济学: 发展历程、方法论和研究纲领[J]. 南开经济研究, 2004(6).

[29] 张五常. 新制度经济学的现状及其发展趋势[J]. 当代财经, 2008(7).